기독교문서선교회 (Christian Literature Center: 약칭 CLC)는 1941년 영국 콜체스터에서 켄 아담스에 의해 시작되었으며 국제 본부는 미국 필라델피아에 있습니다.
국제 CLC는 59개 나라에서 180개의 본부를 두고, 약 650여 명의 선교사들이 이동 도서차량 40대를 이용하여 문서 보급에 힘쓰고 있으며 이메일 주문을 통해 130여 국으로 책을 공급하고 있습니다. 한국 CLC는 청교도적 복음주의 신학과 신앙 서적을 출판하는 문서선교기관으로서, 한 영혼이라도 구원되길 소망하면서 주님이 오시는 그날까지 최선을 다할 것입니다.

추천사

김 일 수 박사_대구 황금교회 담임목사
내가 가진 다이아몬드 반지가 진짜인지 가짜인지 분별하지 못한다면 큐빗 반지를 가지고서 다이아몬드 반지로 착각하면서 살아갈 것이다. 자신이 그리스도 안에 있는지 밖에 있는지를 분별하지 못한다면 그리스도 밖에 있으면서도 안에 있다고 착각할 수 있다. 진영정 박사는 성도들이 그리스도 안에 있는지를 분별하는 원리와 체계를 논리적으로 잘 정리하였다. 그리고 그리스도 안에 거하기 위해 선택해야 할 분명한 기준들을 제시한다.

박 헌 성 박사_미국 캘리포니아 IRUS 총장, Los Angeles 열린문교회 담임목사
진영정 박사는 어떻게 크리스천들이 그리스도와 영적으로 연합되어 하나님과 자신 및 이웃에게 영향력 있는 삶을 추구할 수 있는지에 대해 부단히 연구하며 노력한다. 특히 진 박사는 이 책에서 인간의 심리를 신학적 차원으로 끌어올려 그리스도인의 영성에서 비롯된 참다운 삶을 제시한다. 독자들이 그 영적 유익과 지식을 얻을 수 있을 것이라고 확신하며 적극 추천한다.

오 부 운 박사_미국 캘리포니아 HIS University 교수
이 책은 참된 그리스도인으로 살고 싶은 현대인들에게 '자신이 그리스도 안에 있는지?'를 쉽게 점검할 수 있도록 각 장의 끝에 선택 질문을 던지고 있다. 저자는 신학적 접근뿐만 아니라, 그의 전문성을 활용한 심리상담학적인 방법을 도입해 책을 읽는 독자 스스로 자신의 내면을 들여다볼 수 있도록 하였다.

이 은 호 목사_서울 옥인교회 담임목사
오랫동안 그리스도 안에 있다는 것은 남다른 풍요를 보장하는 말로 여겨졌다. 그러나 그 생각은 지나치게 일방적이다. 그리스도 안에서 늘 행복하게 사고하고 늘 사랑의 마음으로 이웃을 대하고 있는 저자는 신학자요 목회자로서 우리가 그리스도 안에 있는 것이 무엇인지 성경에 근거하여 명확하게 설명한다. 책을 읽으면서 독자는 신학과 심리학을 연결하려는 저자의 노력을 발견할 것이다. 일반적으로 익숙하게 사용하지만, 정확한 개념을 모른채 갖고 있던 단어의 의미들을 하나하나 드러내면서, 저자는 독자가 무엇을 추구하고 무엇을 피해야 할지를 안내한다. 무엇을 추구해야 할지, 무엇을 피해야 할지를 저자는 독자 스스로 돌아보도록 한다. 저자의 안내에 따라 그리스도 안에 보장된 행복의 길을 걷고 싶은 의욕을 더 많은 이가 품게 되기를 기대한다.

임 민 철 박사_경기도 일산 화정충현교회 담임목사
오늘날 성도가 하나님의 은혜를 누리고 있지 못하다면, 그것은 마음에서 일어나는 영적 전쟁을 인식하지 못하기 때문이다. 저자는 심리학자로서 신학을 두루 섭렵한 전문가답게, 우리가 육신의 옷을 벗고 성령으로 옷입는 방법을 너무나 따뜻하고 세밀하게 안내하였다. 특히 성도의 삶의 원리인 포도나무 비유를 선택의 관점에서 탁월하게 해석하고 적용하였다. 독자들이 이 책을 통하여 예수 안에 거하는 능력을 회복하고 누리게 될 것을 확신하며 필독을 권한다.

정 동 섭 박사_가족관계연구소장, 전 침신대학교 및 한동대학교 상담학 교수
인간의 기본적 욕구 중에는 소속감, 즉 포함되고 싶은 욕구와 선택받고 싶은 욕구가 있다. 사람으로 태어나서 우리가 경험할 수 있는 가장 소중한 경험은 예수님을 영접함으로 거듭나 그리스도인이 되는 것이다. 이 책은 그리스도 안에 거한다는 것이 무엇을 의미하며 우리가 어떻게 주 안에 거함으로 신뢰와 소망, 기쁨, 축복, 그리고 풍성한 생명을 누릴 수 있는가를 구체적으로 안내하고 있다. 초신자는 물론 매일 매일의 삶에서 기쁨과 행복을 누리기 원하는 모든 그리스도인에게 일독을 권한다.

최 대 해 박사_대구 대신대학교 총장
진영정 박사는 자신의 삶에 비추어 언제나 반듯한 신앙과 사람들의 내적인 심리 이해를 돕는 저서를 내어놓곤 했다. 이번에 새로이 발간되는 저서 역시 영성과 심리 연구를 통한 치유와 쉼을 제공하면서 신진 학자들과 독자들에게 귀한 자료가 될 것을 확신하며 추천한다.

선택: 그리스도 안에 거하는 삶

Choice: While You Are in Jesus Christ
Written by Youngjeong, Jin
All rights reserved.
Korean Edition Copyright ⓒ 2020 by Christian Literature Center, Seoul, Korea

선택: 그리스도 안에 거하는 삶

2020년 3월 30일 초판 발행

| 지은이 | 진영정 |

편집	정재원
디자인	박나라
펴낸곳	(사)기독교문서선교회
등록	제16-25호(1980.1.18.)
주소	서울특별시 서초구 방배로 68
전화	02-586-8761~3(본사) 031-942-8761(영업부)
팩스	02-523-0131(본사) 031-942-8763(영업부)
이메일	clckor@gmail.com
홈페이지	www.clcbook.com
송금계좌	기업은행 073-000308-04-020 (사)기독교문서선교회

ISBN 978-89-341-2111-4(93230)

이 도서의 국립중앙도서관 출판예정도서목록(CIP)은 서지정보유통지원시스템 홈페이지(http://seoji.nl.go.kr)와 국가자료공동목록시스템(http://www.nl.go.kr/kolisnet)에서 이용하실 수 있습니다. (CIP제어번호: CIP2020008078)

이 책의 저작권은 저자와 (사)기독교문서선교회가 소유합니다. 신저작권법에 의하여 한국 내에서 보호받는 저작물이므로 무단 전재와 무단 복제를 금합니다.

선택

CHOICE: WHILE YOU ARE IN JESUS CHRIST

그리스도 안에 거하는 삶

진영정 지음

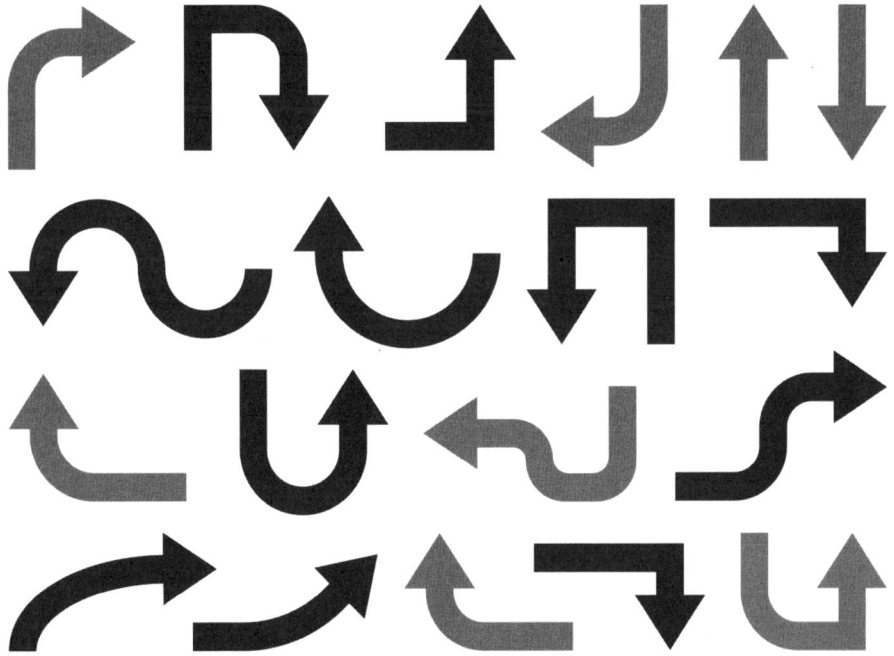

CLC

목차

추천사   1
김 일 수 박사 / 대구 황금교회 담임목사
박 헌 성 박사 / 미국 캘리포니아 IRUS 총장
오 부 운 박사 / 미국 캘리포니아 HIS University 교수
이 은 호 목사 / 서울 옥인교회 담임목사
임 민 철 박사 / 경기도 일산 화정충현교회 담임목사
정 동 섭 박사 / 가족관계연구소장
최 대 해 박사 / 대구 대신대학교 총장

저자 서문   9

제1장 그리스도 안에 있기를 선택하라   12
1. 그리스도 안에 있다는 것   14
2. 그리스도 안에 있음을 선택하는 이유   25
3. 그리스도 안에 있는지를 위한 자기 점검   33

제2장 첫 번째 선택: 자기 포기   58
1. 신뢰 vs 의심   58
2. 소망 vs 절망   72
3. 기쁨 vs 쾌락   85

제3장 두 번째 선택: 견고한 진   100
1. 정직 vs 위선   100
2. 사랑 vs 거절   114
3. 용서 vs 분노   135

제4장 세 번째 선택: 깨끗하게 됨   151
1. 축복 vs 저주   151
2. 순종 vs 미혹   169
3. 생명의 길 vs 사망의 길   186

제5장 그리스도 안에 나타나는 생명   207

참고 문헌   222

저자 서문

진 영 정 박사

대구 대신대학교 기독교 상담학 교수

어떤 대학생이 물었다. 도로에서 운전할 때 뒤에 있는 차가 크락숀을 울리거나 운전자가 화를 내도 그리스도인이기 때문에 양보운전을 해야 하는지 말이다. 양보운전은 운전자가 지켜야 할 당연한 에티켓이지 그리스도인이기 때문에 해야 하는 건 아니다. 도덕성과 진리를 흔드는 포스트모더니즘의 사상으로 그리스도인의 삶의 방식과 도덕적 가치가 혼란스럽게 섞이고 불분명해져서 생긴 질문이다.

세상은 교회가 빛과 소금의 역할을 잃어가고 있다고 말하면서 그리스도인이 그리스도인다운 삶을 살지 못한다고 비난한다. 어제나 오늘이나 미래에도 세상은 그리스도인을 비난하고 미워할 수 있으니 예수님이 말씀하신 것과 같다.

> 내가 아버지의 말씀을 그들에게 주었사오매 세상이 그들을 미워하였사오니 이는 내가 세상에 속하지 아니함과 같이 그들도 세상에 속하지 아니함으로 인함이니이다(요 17:14).

그리스도인은 그리스도께 속하여 있기 때문에 세상의 잣대로는 비난할 수도 판단할 수도 없다. 그리스도인이 진리의 말씀으로 자신을 돌아보고 있다면 판단받을 수 없기 때문이다 (약 2:4 참조).

세상이 비난한다고 그리스도인이 서로를 비난해서는 안 된다. 그리스도인이 서로 사랑하지 않으면 그리스도를 알지 못하고 말씀을 알지 못하여 진리 위에 서 있을 수 없기 때문이다. 하나님은 백성이 지식이 없어서 망한다고 하셨다 (호 4:6 참조). 지식은 세상이 준 지식이 아니라 그리스도의 진리인데, 그것은 '사랑으로 종 노릇 하는 것'이다. 사랑으로 섬기는 삶은 진리로 세상을 이기는 데서 비롯되기 때문이다.

> 형제들아 너희가 자유를 위하여 부르심을 입었으나 그러나 그 자유로 육체의 기회를 삼지 말고 오직 사랑으로 종 노릇 하라 (갈 5:13).

사랑하라는 계명을 지키지 않으면 진리를 알 수 없고 하나님의 사랑을 경험하지도 못하여 하나님을 알지도 못한다 (요일 2:3-5 참조).

그리스도가 우리 안에 우리가 그리스도 안에 거하면 무엇이든지 원하는 대로 구하면 얻는다고 한다 (요 15:7 참조). 그리스도는 우리 안에 이미 거하고 계시기 때문에 이제 우리가 그리스도 안에 거해야 한다.

'거해야 한다'는 말은 거하는 것을 선택할 수 있다는 뜻이다.

어떻게 선택할까?

사랑을 선택해야 한다. 왜냐하면, 사랑은 의지이고 감정이 아니며, 선택할 수 있는 능력이 우리에게 있기 때문이다. 또한 예수님이 십자가에 죽으시기 전에 서로 사랑하라는 새 계명을 주셨기 때문이다 (요 13:34 참조). 사탄은 사랑하지 못하게 방해하여 우리가 그리스도 안에 거하지 못하게 한다. 또한 그리스도 안에 거하는 기쁨을 누리지 못하게 하여 그리스도의 생명을 나타나지 못하게 한다. 하나님께서 지으신 피조물로 살면서 모두의 다름을 인정하지 않고 사랑을 드러내지 못하고 서로에게 비난을 쉽게 한다면 잘못된 선택을 한 것이다.

이 책은 그리스도 안에 거하려는 선택을 하려는 이를 도우려는 책이다.

제1장은 그리스도 안에 있다는 것은 선택이며, 그리스도 안에 있기 위하여 그리스도인이 어떻게 자기를 포기하고 어떻게 견고한 진을 무너뜨릴 수 있는지를 밝히고, 또한 매일 자신을 살펴야 함을 서술했다.

제2장은 첫 번째 선택으로 '자기 포기'의 방법을 썼다. 자기 포기는 하나님을 신뢰하고 하나님의 약속이 이루어짐을 소망하여 마음의 영원한 기쁨이 있을 때 가능함을 서술했다.

제3장은 두 번째 선택으로 '견고한 진을 무너뜨리는 전략' 즉, 대인관계나 사회에서 오는 거짓된 사상을 무너뜨리기 위하여 정직하고 용서하여 사랑의 관계를 이루어야 함을 말했다.

제4장은 세 번째 선택으로 '매일 자신을 살피기' 위하여 말씀의 약속에 따른 축복을 믿고 순종하면서 생명의 길로 걸어야 함을 이야기했다.

제5장은 마지막 장으로 그리스도 안에 살 때 이루어지는 말씀의 약속과 영원한 생명에 대해 기술했다.

제1장

그리스도 안에 있기를 선택하라

> 나는 포도나무요 너희는 가지라 그가 내 안에, 내가 그 안에 거하면 사람이 열매를 많이 맺나니 나를 떠나서는 너희가 아무 것도 할 수 없음이라…너희가 내 안에 거하고 내 말이 너희 안에 거하면 무엇이든지 원하는 대로 구하라 그리하면 이루리라(요 15:5, 7).

포드(Ford) 자동차 회사는 컨베이어벨트 시스템을 도입하여 자동차를 자동 생산하기 시작했다. 어느 날 컨베이어벨트 시스템의 한 부분에 문제가 생겨 생산 전 과정이 멈추게 되었다. 유명한 전기 기술자를 데려와 생산 라인을 점검했으나 시스템이 멈춘 이유를 찾지 못했다. 2주 동안 문제를 해결하기 위하여 많은 전기 기술자가 다녀갔으나 원인을 찾지 못했기에 결국 공장의 전기 시스템을 설계한 에디슨 회사의 기술자를 불렀다. 그는 몇 군데 점검하더니 10분 만에 기계가 멈춘 원인을 찾았고 컨베이어 시스템은 다시 움직이게 되었다.

며칠 후 이 기술자의 기술 문제 해결에 관한 청구서가 포드 회사에 청구되었다. 금액은 3만 불. 예상치 못한 금액이므로 이사회를 열어 청구비에 대하여 지불할 것인가 말 것인가를 의논했지만 비용이 너무 많기 때문에 지불할 수 없다고 결정했다. 회사는 이사회의 결정을 에디슨 회사의 전기 기술자에게 보냈다(지금으로부터 약 70년 전의 일인데 3만 불을 지금의 달러로 환산하면 4억 불 이상이 되는 돈이다).

청구 금액에 대한 이의 신청에 대한 답신에 다음과 같이 적혀 있었다.

원인 발견 비용 29,950불, 인건비 50불.

이 답변을 받은 포드 회사는 청구 금액의 타당성을 인정하고 3만 불을 지불했다. 원인을 찾아 해결하는 것만큼 완벽한 해결책이 없음을 인정할 수밖에 없었기 때문이다.

여기에서 그리스도인의 관점에서 어떤 교훈을 얻을 수 있을까? 자신과 대인 관계와 삶의 문제로 그리스도 안에 살고 싶지만, 살지 못하게 하는 원인을 찾으려 해도 찾지 못해 방황하는 기독교인에게 적용해 볼 수 있지 않을까?

그리스도인은 그리스도 안에 온전하게 거해야 하는데 부분적으로 거하거나 혹은 거하고 있다고 착각하게 되면 사탄의 공격을 받아 그리스도 안에 거하는 약속의 말씀이 이루어지기 어렵게 된다. 구원은 미래에 완성되지만 현재에도 이미 와 있다. 구원은 성화의 과정을 거쳐 완전한 구원을 이루게 된다.

그래서 '그리스도 안에 거하라'는 명령은 현재 할 수 있는 선택이고 미래에는 더 온전히 이루게 되는 명령이다. 이 명령에 온전하게 순종하지 못하는 원인을 찾아낸다면 그리스도 안에 거할 때 넘치는 영원한 생명은 현재 나타나며 미래에는 더 온전하게 나타나는 그리스도의 생명임을 알 수 있다.

　믿음으로 그리스도의 영을 받아 구원을 받았지만 육신이 아직 죄의 영향력 아래 있는 그리스도인은 온전한 생명을 나타내지 못한다. 구원으로 주어진 영원한 생명은 영혼육에 이르는 생명이고 우리를 통하여 이 세상에 나타나야 하는 생명이지만 육신의 죄성이 이를 방해하고 있다. 바울은 순종함으로 구원을 온전히 이루라고 한다(빌 2:12 참조). 그리스도 안에 온전히 거하고 죄 아래 있는 육신을 그리스도 아래 있게 하기 위해서는 우리의 의지적인 결단과 선택이 필요하다.

1. 그리스도 안에 있다는 것

　　너희가 내 안에 거하고 내 말이 너희 안에 거하면 무엇이든지 원하는 대로 구하라 그리하면 이루리라(요 15:7).

　그리스도인이 흔히 하는 질문 중에 하나가 "그리스도 안에 있다는 것이 무엇이며 어떻게 하면 그리스도 안에 있을 수 있을까?"이다.
　우리가 그리스도 안에 있음을 어떻게 알 수 있을까?
　첫째, 생각이 그리스도로 가득 차 있으면 그리스도 안에 있다고 말할 수 있다.
　하루 24시간을 보내며 그리스도를 계속 생각하고 사는 사람은 얼마나 될까?
　하루 중 얼마 동안 그리스도를 생각해야 '그리스도 안에 있다'고 말할 수 있을 것인가에 대해, 시간으로 딱 잘라 규정하기는 어렵다. 더구나 그 시간이 양적인 시간을 의미하는지 아니면 질적인 시간을 의미하는지 구별하기도 어렵고, 양적인시간과 질적인 시간이 무엇인지 정의하기도 어려우며, 양적인 시간과 질적인 시간을 구분하는 일도 말처럼 쉽지 않다.

둘째, 그리스도를 위하여 쓰는 시간과 돈의 양을 측정하면 그리스도 안에 있는지 알 수 있다고 설명한다. 얼마나 되는 시간과 돈을 그리스도를 위하여 사용하는지 또 얼마나 그리스도를 위한 일에 헌신하는지 등의 기준으로 평가하는 것이다. 그러나 이 경우 얼마의 시간과 돈을 드려야 할지, 그리고 정해진 시간과 돈을 어떤 방법으로 드려야 할지 선택하기 어렵다.

셋째, 하나님의 뜻에 따라 살기로 결심하고 그렇게 살고 있다면 그리스도 안에 있다고 설명한다.

그러면 하나님의 뜻을 어떻게 알 수 있고, 어떻게 하면 하나님 뜻에 따라 살 수 있을까?

"그리스도 안에 있다"는 말을 어떻게 정의할까?

그 정의는 어쩌면 그리스도 안에 사는 모습의 결과만 말하고 있고 어떻게 그리스도 안에 살 수 있는지 그 과정에 대한 설명은 각자에게 맡겨져 있는 듯하다.

흔히 성경을 읽다가 이해되지 않는 내용이나 상황이 있으면 먼저 믿어야 된다고 말한다. 그러나 먼저 믿고 나중에 이해가 되는 부분도 있지만 이해가 충분히 되어야 믿을 수 있는 부분도 있다.

특별히 '그리스도 안에 있는 모습'에 대한 명확한 이해를 돕기 위해 예수님께서는 요한복음 15장에서 포도나무와 가지의 비유를 말씀하신다. 예수님은 포도나무이고 우리는 가지라는 것이다. 포도나무이신 예수님이 포도나무 가지 된 우리에게 원하는 것은 열매를 맺는 것이다.

> 내 안에 거하라 나도 너희 안에 거하리라 가지가 포도나무에 붙어 있지 아니하면 스스로 열매를 맺을 수 없음같이 너희도 내 안에 있지 아니하면 그러하리라(요 15: 4).

이것은 우리가 그리스도 안에 있으면 열매를 맺는다는 이야기다. 예수님이 우리를 선택했지만 예수님의 선택에 대한 우리의 반응에 따라 혹 열매를 맺지 못하거나 혹 열매를 조금 맺거나 많은 열매를 맺기도 한다.

그리스도 안에 있어도 열매를 맺는 정도가 다른 이유는 무엇일까?

그것은 무의식이 의식에 영향을 주어 선택한 행동 때문이다. 인간의 자아는 의식과 무의식으로 나뉜다. 의식이 선택하고 결정하여 행동을 하지만 의식을 이끄는 힘은 무의식에 있다. 흔히 의식과 무의식을 빙산에 비유하여 겉으로 드러난 빙산이 30%라면 물 아래 잠긴 빙산은 70%라고 한다. 자아의 70%가 무의식에 저장되어 겉으로 드러나지 않고 수면 아래 잠겨 있다는 뜻이고 무의식으로 행동을 선택한다는 뜻이다.

'무의식'은 무엇일까?

심리학적 측면에서 무의식은 인간이 기억하고 싶지 않은 일이나 드러내고 싶지 않은 사건에 대한 감정의 억압이나 거부로 수집된 정보를 의식하지 못하는 상태라고 설명한다. 거부하는 이유는 그 정보를 받아들이면 지금까지 자신을 지탱했던 생각이 흔들리고 스스로 고통스럽기 때문이다. 예를 들면 '부정'이란 들어온 감정의 정보를 무의식에서 부정하는 것을 말한다. 구체적인 예를 들어본다면 영화를 볼 때 무서운 장면이 나오면 눈을 가리거나 암으로 진단을 받았는데도 의사의 말을 믿지 않고 오진이라고 주장하는 환자가 부정의 예이다.

인간의 자아는 세 부분으로 나뉜다.

① 의식적인 자아
② 비의식적인 자아
③ 무의식인 자아

첫째, 의식은 말 그대로 지금 느끼고 생각하는 것을 말한다.

둘째, 비의식이란 자신을 주의 깊게 살펴보면 알 수 있는 부분이다.

셋째, 무의식이란 오랜 시간 걸쳐 자신을 깊이 살펴보아도 알기 어려운 부분이다. 무의식은 밖에서 의식적으로 끄집어 내려는 도움이 없이는 드러나지 않는다.

요한복음 15장에 따르면 그리스도 안에 있다고 해서 모든 가지가 많은 열매를 맺는 것은 아니다. 물론 예수님은 많은 열매를 맺기를 원하지만 가지의 반응에 따라 열매를 맺지 못하든지 열매를 맺든지, 또는 적은 열매를 맺든지 많은 열매를 맺게 된다. 이는 예수님이 우리에게 주신 말씀에 대한 반응에 따라 열매를 맺는 삶의 형태가 여러 가지로 나타나게 된다는 의미로 해석할 수 있다.

말씀이 우리 안에 거해서 열매를 맺으려면 우리가 의지적으로 말씀에 따라 반응해야 한다. 의지적인 반응이란 자유 의지를 사용하여 선택해야 한다는 뜻이다. 예수님께서 인간으로 오셨다는 뜻은 말씀이 육신이 되어 이미 우리 가운데 거하고 있다는 뜻이고(요 1:14), 말씀인 예수님이 인간으로 오신 것처럼 말씀이 우리의 육신에 스며들어야 말씀에 따라 반응할 수 있다는 말이기도 하다.

말씀에 따른 반응의 결과가 열매인데, 열매를 맺기 위한 조건이 있다면 읽고 들은 말씀이 '육화'(肉化, Incarnation)되어야 말씀에 순종하고 행동으로 옮기는 선택을 할 수 있다. 육화되었다는 뜻은 지식으로 아는 말씀이 아니라 온전히 마음으로 아는 말씀이 되었다는 뜻이다. 이는 우리의 무의식에 말씀이 스며들어야 말씀을 선택하게 되어 많은 열매를 맺고 풍성한 삶을 살 수 있다는 말이 된다. 말씀은 흔히 씨앗에 비유되므로 씨앗이 자라 열매를 맺는 것은 너무나 자연스러운 결과이다.

그리스도 안에 거하기 위하여 그리스도가 우리 안에 거하시고 우리가 그리스도 안에 거해야 한다(요 15:7 참조). 그리스도를 영접하면 그 순간부터 그리스도는 우리 안에 거하신다. 그리스도 안에 거하기 위하여 남은 것이 있다면 우리가 그리스도 안에 거하려고 선택하는 것이다. 즉, 그리스도가 우리 안에 거하려면 그리스도의 영이 우리 안에 계시고, 영의 말씀이 육신이 되어야 한다.

따라서 말씀을 온전히 받아들여 선택하려면 말씀을 거부하는 무의식에 쌓여 있는 부정적인 생각과 감정을 인정하고 드러내 의지적으로 정리해야 한다. 이렇게 되어야 그리스도가 우리 안에 거하시고 우리가 그리스도 안에 거할 수 있고 나아가 온전하게 거하게 된다(요 15:5-7 참조). 이 부분에 우리의 선택이 존재한다.

우리가 그리스도 안에 거한다는 뜻은 그리스도와의 친밀한 관계를 맺는 것을 말하는데, 우리는 그리스도와 친밀해지기 위하여 그리스도께 가까이 가는 선택을 해야 한다. 그러나 세상적인 근심이나 걱정, 우울이나 분노 등의 부정적인 감정과 세상적인 사고와 생각이나 문화는 말씀에 따라 선택하는 삶을 살지 못하게 한다. 또한 현재 살고 있는 가정이나 사회에는 육신의 욕구에 따라 이루어진 문화나 보이지 않는 규칙으로 익숙해진 습관이 자아를 형성하고 있기 때문에 말씀을 따라 선택하는 삶을 살기 어렵다.

익숙한 습관을 흔드는 것이 자신을 지탱하고 있는 자아를 흔들게 되고 흔들림을 방어하기 위하여 우리의 무의식은 말씀을 따르기를 거부한다. 이를 견고한 진(stronghold)이라고 말하는데, 견고한 진을 무너뜨리지 않으면 말씀에 따라 반응할 수 없다(고후 10:4-5 참조). 이것은 그리스도와의 친밀한 관계를 형성하기 위한 말씀을 붙잡고 의지적인 선택을 해 나가는 일을 방해하는 것이다.

견고한 진을 무너뜨리려면 보이지 않는 견고한 진의 실체를 알고 깨닫고 무너뜨릴 무기가 있어야 한다. 견고한 진이 있다고 깨달아도 말씀으로 주어진 무기를 사용하지 않으면 그것을 무너뜨리지 못한다. 견고한 진을 무너뜨리기 위해서는 공격 무기와 방어 무기를 사용해야 한다. 이때 공격 무기는 그리스도 보혈의 능력, 예수 그리스도의 이름, 말씀, 의와 성령의 은사이고 방어 무기는 하나님의 전신갑주이다(행 16:18; 요 14:26; 히 4:12; 고후 6:7; 롬 12:6-13; 엡 6:13, Harper, 1970).

첫째, 예수 그리스도의 보혈의 능력이 공격 무기이다.

예수님의 보혈로 하나님과 우리 사이에 막힌 담이 무너져 우리는 하나님과 교제할 수 있게 되었다. 그래서 예수님은 우리의 구원자시고 중보자시다. 예수님은 멜기세덱의 반열을 따르는 영원한 대제사장이 되셨고 그로 인하여 하나님은 우리의 기도를 들으시게 되었다(히 5:6-7 참조).

열심히 사역하는 어떤 사역자가 자신을 위하여 중보 기도하는 사람이 없어 홀로 있다고 좌절하여 힘이 빠져 있었다. 그런데 예수님 대신 오신 성령이 밤낮으로 자기를 위하여 기도하고 있음을 알고 힘을 얻었다(롬 8:26 참조). 성령은 사역자뿐 아니라 모든 성도에게 동일한 힘을 주신다. 예수님의 보혈로 인하여 성령이 오셔서 우리에게 능력주시고 중보하시며 보호하신다.

또한 우리는 예수 그리스도의 보혈로 죄에서 자유롭게 되었다. 예수님의 보혈의 공로에 의지하면 죄를 용서받고 의롭게 된다. 그리스도의 보혈로 의롭게 되었음을 선포하면 사탄은 더 이상 공격하지 못한다. 죄로 인하여 고통스럽거나 죄책감을 느낄 때 예수 그리스도의 보혈에 의지하여 죄에서 자유로워졌다고 선포하면 사탄은 물러간다.

> 나의 자녀들아 내가 이것을 너희에게 씀은 너희로 죄를 범하지 않게 하려 함이라 만일 누가 죄를 범하여도 아버지 앞에서 우리에게 대언자가 있으니 곧 의로우신 예수 그리스도시라 그는 우리 죄를 위한 화목 제물이니 우리만 위할 뿐 아니요 온 세상의 죄를 위하심이라(요일 2:1-2).

예수님의 보혈은 견고한 진을 헐기에 충분한 공격 무기이다.

둘째, 예수 그리스도의 이름이 공격 무기이다.

> 다른 이로써는 구원을 받을 수 없나니 천하 사람 중에 구원을 받을 만한 다른 이름을 우리에게 주신 일이 없음이라 하였더라(행 4:12).

우리는 예수 그리스도의 이름으로 구원을 받았는데, 그의 이름이 구원의 능력이고 하나님의 주권에 기초한 능력이다. 또한 예수 그리스도의 이름으로 구하면 받게 된다. 따라서 예수 그리스도의 이름이 하나님의 능력이다.

> 지금까지는 너희가 내 이름으로 아무 것도 구하지 아니하였으나 구하라 그리하면 받으리니 너희 기쁨이 충만하리라(요 16:24).

사탄은 예수 그리스도의 이름을 부르고 예수 그리스도 이름으로 능력을 행하고 또한 구하고 받고 행하는 것을 싫어하여 그리스도인이 예배나 기도에서 예수 그리스도의 이름을 부르지 않아도 되는 것처럼 문화나 사상을 이끌어 가려 한다.

그러나 예수 그리스도의 이름이 없는 곳에 하나님의 능력은 나타나지 않는다. 그런데도 능력이 나타난다면 그것은 하나님의 능력이 아닌 천사를 가장한 사탄의 능력이다(고후 11:14 참조). 예수님은 자신의 이름이 적힌 백지 수표를 그리스도인에게 넘겼는데 그 수표에서 예수님의 이름을 지운다면 그 능력이 어떻게 될지 생각해 보라. 예수님의 이름이 능력이며 이로써 우리가 얻는 것은 기쁨이다.

셋째, 말씀이 공격 무기이다.

하나님의 말씀은 살아 있어 혼과 영과 및 관절과 골수를 찔러 쪼개기까지 한다(히 4:12 참조). 그러나 현장에서 사역을 하는 자들은 말씀으로 영이 찔려 쪼개져서 회개하고 하나님께 돌아오는 일은 보지만 말씀이 혼과 육을 찔러 쪼개는 모습, 즉 온전히 변화하는 모습을 보기가 쉽지 않다. 말씀으로 혼과 육이 찔러 쪼개져야 그리스도인이 그리스도 안에 온전히 거할 수 있는데, 사탄은 영의 찔림과 쪼개짐을 막지 못했지만 성화됨을 지연시키거나 혼과 육이 찔려 쪼개지지 않도록 막을 수 있기 때문이다.

말씀으로 영혼육이 찔려 쪼개진다면 그리스도인은 그리스도 안에 거할 수 있고 생명이 나타나는 삶을 살 수 있다.

> 내가 진실로 진실로 너희에게 이르노니 나를 믿는 자는 내가 하는 일을 그도 할 것이요 또한 그보다 큰 일도 하리니 이는 내가 아버지께로 감이라(요 14:12).

우리 안에 거하시는 그리스도의 능력으로 생명 있는 삶으로의 선택이 가능해진다.

넷째, 의가 공격 무기이다.

의가 공격용 무기가 되는 때는 진리의 말씀과 하나님의 능력으로 무장될 때이고(고후 6:7 참조), 의가 방어적 무기가 되는 때는 믿음과 사랑이 넘칠 때이다(살전 5:8; 엡 6:14 참조). 즉, 성령 안에서 진리의 말씀으로 무장할 수 있고 견고한 진도 무너뜨리는 거룩한 삶이 공격용 무기가 된다(롬 14:17 참조).

다섯째, 성령의 은사이다.

은사는 성령이 우리에게 주시는 능력이기 때문에 은사를 제대로 알고 사용하기만 하면 빼앗겼던 수많은 영혼들이 그리스도와 하나님의 나라로 이끌려 온다(고전 12:7 참조).

> 진리의 성령이 오시면 그가 너희를 모든 진리 가운데로 인도하시리니 그가 스스로 말하지 않고 오직 들은 것을 말하며 장래 일을 너희에게 알리시리라(요 16:13).

여섯째, 하나님의 전신갑주는 방어 무기이다.

여기서 진리의 허리 띠는 사탄의 거짓말이나 속임수라는 공격에 대한 방어 무기이다. 사탄은 거짓의 아비라고 예수님이 말씀하셨다(요 8:44 참조). 사탄이 그리스도인에게 가장 많이 사용하는 공격 형태는 거짓이며, 거짓에 넘어가면 사탄의 참소를 받는다. 그는 요한계시록에서 '형제들을 참소하는 자'로 묘사되고 있고, 밤낮으로 하나님 앞에서 그리스도인을 참소한다(계 12:10 참조). 사탄의 참소로 인하여 그리스도인은 고통을 당하고 안식을 누리지 못하게 되고, 하나님께 불평하게 될 뿐만 아니라 절망에 빠지게 된다.

인간 욕구의 공격을 방어하기 위해서는 의의 호심경을 붙여야 한다.

여기서 '의의 호심경'이란 무엇일까?

의의 호심경은 '믿음과 사랑'이다(살전 5:8 참조). 사탄이 그리스도인의 동기를 악하게 만들어 의지를 흔들어 놓으려고 할 때 이를 방어하는 무기는 믿음과 사랑이다. 악한 생각이 잠깐 지나가는 건 죄가 아니지만 악한 생각이 머물러서 즐기면 죄가 된다. 욕구를 채우려는 생각이 지나갈 때마다 그리스도를 생각하여 욕구를 돌리고, 분노하거나 미워하는 감정이 생길 때마다 하나님의 사랑으로 의지적으로 돌려야 욕구를 이길 수 있다.

또한 삶을 안이하고 게으르게 만들려는 공격을 방어하기 위하여 '평안의 복음의 신'을 신어야 한다. 사탄은 편안하게 안락한 삶을 살라고 그리스도인을 유혹한다. 1등석에 앉아 있는 것처럼 안이하게 천국에 가고자 하는 그리스도인은 더 이상 사탄의 공격을 받지 않는데, 사탄은 자신의 영토에 있는 자들에게는 더 이상 관심이 없기 때문이다.

그리고 항상 깨어 자신을 돌아보고 복음을 부지런히 전해야 한다. 불신이나 의심의 공격에 대해서 믿음의 방패를 가지고 있어야 한다. 다양한 가면을 쓰고 찾아오는 불신이나 의심이야말로 가장 위력적인 사탄의 공격이 되기 때문에 믿음의 방패는 전신갑주에서 가장 중요한 부분이 된다.

재난이나 사고로 인한 공격에 대하여 구원의 투구를 써서 보호해야 한다. 여기서 중요한 포인트는 구원의 소망인 투구를 써야 한다는 것이다(살전 5:8 참조). 그리스도인이 병에 걸리거나 고난 중에 있다면 소망을 잃지 말고 사탄의 공격에 저항하여 싸워야 이겨야 한다.

일곱째, 성령의 검인 말씀이 필요하다.

거짓의 공격을 방어하려면 진리의 말씀으로 분별해야 한다. 모든 상황을 해석할 정확한 말씀의 적용이 없다면 사탄의 공격을 효과적으로 대응할 분별 능력을 가지기 어렵다. 말씀의 능력은 성령의 능력으로 무한하며 강력하다.

사탄의 공격을 방어하고 방어 무기로 나를 보호할 뿐만 아니라 적극적으로 사탄을 대적해야 승리를 얻을 수 있다. 이로써 그리스도인은 그리스도 안에 온전히 거하게 되어 참 기쁨을 얻게 되고 비로소 평안하게 된다(몬 1: 20). 또한 참 자유를 누리면서 더 이상 사탄의 굴레에 얽매이지 않고 살게 된다.

주는 영이시니 주의 영이 계신 곳에는 자유가 있느니라(고후 3:17).

예수 그리스도 안에 참으로 거하는 상태는 온전한 자유와 평강을 누리는 상태라 말할 수 있다.

2. 그리스도 안에 있기를 선택하는 이유

그러므로 예수께서 자기를 믿은 유대인들에게 이르시되 너희가 내 말에 거하면 참으로 내 제자가 되고 진리를 알지니 진리가 너희를 자유롭게 하리라(요 8:31-32).

그리스도인이 되었다는 뜻은 그리스도를 믿고 사망에서 생명으로 옮겼다는 뜻이다.

내가 진실로 진실로 너희에게 이르노니 내 말을 듣고 또 나 보내신 이를 믿는 자는 영생을 얻었고 심판에 이르지 아니하나니 사망에서 생명으로 옮겼느니라(요 5:24).

그런데 예수님은 여기에서 머무르지 말고 그리스도 안에 거하여 생명을 나타내면서 자유로운 삶을 살라고 하신다. 자유인이 되기 위하여 우리는 진리를 선택하면서 살아야 한다. 영원한 생명이 있기에 진리를 선택할 수 있고 진리를 선택해야 자유롭게 된다. 그러나 사탄은 육신의 죄성을 이용하여 끊임없이 그리스도인이 자유하지 못하게 한다.

자녀들은 혈과 육에 속하였으매 그도 또한 같은 모양으로 혈과 육을 함께 지니심은 죽음을 통하여 죽음의 세력을 잡은 자 곧 사탄을 멸하시며 또 죽기를 무서워하므로 한평생 매여 종 노릇 하는 모든 자들을 놓아 주려 하심이니(히 2:14-15).

하나님과 관계가 단절되었다는 뜻은 사망의 종이 되었다는 뜻인데, 사망의 종이 되면 사탄의 종이 되어 자유를 잃어버리게 되고 두려워하며 살게 된다. 종 노릇을 하며 사는 삶을 선택하는 어리석음을 평생 동안 이어 갈 수도 있다는 의미이다.

육신이 죽는다는 뜻은 육신에 죄성이 포함되어 있다는 뜻이다. 육신의 죄성이 쉽게 나타날 수 있는 부분을 찾아 사탄은 이 땅에서라도 그리스도인을 육신의 종으로 부리고 싶어 한다. 예수님께서 사탄을 멸하시려 이 땅에 오셨기 때문에 더 이상 영으로는 사탄의 종이 되지 않지만 이 땅에서 육신의 종이 되어 자유인의 삶을 살지 못하게 하려 한다.

왜 그리스도인이 자유롭게 되지 못할까?

선택함에 있어 생명과 사망을 기준으로 판단하기보다는 선악을 기준으로 판단하여 움직이게 되면 자유롭지 못하게 한다.

선악을 알게 하는 나무의 열매를 먹으면 반드시 죽게 되는데 그 이유는 악을 경험하게 되기 때문이다. 사탄이 인간을 유혹할 때 선악과를 먹는 날에는 눈이 밝아져 하나님같이 되어 선악을 안다고 했다(창 2:17; 3:5 참조).

여기서 안다는 '**야다**'라는 어원에서 나왔으며 이 뜻은 경험하여 안다는 뜻이다. 부부가 동침하여 서로를 안다고 할 때 '**야다**'를 쓴다. 선악과를 먹어 선도 경험하게 되지만 악도 경험하게 되어 인간은 악하게 되고 결국 사망할 수밖에 없게 된다. 인간의 낙원인 에덴동산 중앙에 생명나무와 선악을 알게 하는 나무가 있다는 뜻은 하나님은 인간에게 생명과 사망을 기준으로 사물을 분별하라고 하심을 간접적으로 알 수 있다(창 2:9 참조). 악을 경험하면 죽기 때문에 모든 인간은 죽을 수밖에 없는 상태가 되었다.

예수님께서 십자가에서 피 흘리시고 부활하신 이유는 우리의 죄를 속량

하여 악의 권세로부터 자유롭게 하기 위함이다.

> 그가 우리를 흑암의 권세에서 건져내사 그의 사랑의 아들의 나라로 옮기셨으니 그 아들 안에서 우리가 속량 곧 죄 사함을 얻었도다(골 1:13-14).

또한 사망에서 벗어나 영원한 생명을 주시기 위함이다.

> 하나님이 세상을 이처럼 사랑하사 독생자를 주셨으니 이는 그를 믿는 자마다 멸망하지 않고 영생을 얻게 하려 하심이라(요 3:16).

영생을 얻게 되면 사탄의 종에서 벗어나 자유인, 즉 하나님의 자녀가 된다(히 2:14-15참조).
자유가 있다는 뜻은 스스로 어느 것이든 선택할 수 있다는 뜻이다. 그리스도인은 성령을 좇아 사는 삶을 선택할 수도 있고 육신을 좇아 살기로 선택할 수도 있다. 이러한 선택의 권리는 구원받지 못한 자에게는 없는데 그 이유는 선택할 자유가 없는 종이기 때문이다.

> 또 죽기를 무서워하므로 한평생 매여 종 노릇 하는 모든 자를 놓아 주려 하심이라(히 2:15).

다툰다, 즉 싸운다는 뜻은 무슨 의미일까?
이 싸움에서 이길 수도 질 수도 있는데 지게 되면 싸움에서 진 자는 이긴 자의 종이 된다는 뜻이다.

그들에게 자유를 준다 하여도 자신들은 멸망의 종들이니 누구든지 진 자는 이긴 자의 종이 됨이라(벧후 2:19).

마음의 싸움에서 성령의 법이 이기면 육신은 생명으로 향하는 말씀에 순종하여 자유인의 삶을 살고, 성령의 법이 지면 육신은 사망에 종 노릇하게 된다. 육신이 사망의 종이 된다는 뜻은 이 땅에 살면서 그리스도께서 주신 자유를 경험하지 못한다는 뜻도 된다.

이렇게 되면 구원을 잃어버리는 것이 아니냐고 질문할 수 있다. 영을 구원하기 위한 싸움에서는 예수님이 승리하셨기 때문에 더 이상 이 부분에 대한 싸움은 없다. 그러나 구원을 받았지만 죄성이 남아 있는 육신은 말씀을 좇는 삶을 사느냐 아니면 육신을 좇는 삶을 사느냐라는 선택에 대한 싸움을 해야 하고(롬 8:16 참조) 이에 따라 육신은 생명의 길로 가기도 하고 사망의 길로 가기도 한다. 결국 성화를 이루는 일은 우리의 선택에 달려 있다. 두렵고 떨림으로 이루어야 할 책임은 우리에게 있다(빌 2:12 참조).

그리스도인의 육신은 아직 죄의 영향 아래 있기에 육신을 따를지 성령을 따를지를 선택하면서 산다. 성령의 뜻을 선택하면서 살면 그리스도를 닮아가는 삶을 살지만 육신의 욕심을 따라 살면 육신에 속한 사람이 된다(고전 2:15; 3:1 참조). 육신에 속한 자는 어린 아이와 같은 자이고 젖을 먹는 자이며 시기와 다툼과 분쟁하는 그리스도인이 되지만 성령을 좇아 살면 사랑, 희락, 화평, 오래 참음, 자비, 양선, 충성, 온유와 절제의 열매를 맺으며 사는 그리스도인이 된다(갈 5:22-23 참조).

성령의 뜻을 따르는 선택이 어려운 이유가 무엇일까?

첫째, 구원받은 백성이 세상 속에서 진리와 은혜의 균형 있는 삶을 살기가 어렵기 때문이다.

스스로 치우치기 좋아하는 속성에 따라 은혜를 더 강조하든지 혹은 진리를 더 강조하기 때문에 은혜와 진리의 균형 있는 삶을 살기는 어렵다. 은혜와 진리 중에 어느 하나를 선택하라고 해도 어려운 선택인데 은혜와 진리의 균형을 맞추는 선택을 하라고 하면 좀 더 까다로운 문제가 된다.

은혜를 선택하면 정의가 식어지고 진리를 선택하면 사랑이 식어진다. 육신의 속성이 다른 사람을 섬기기 좋아하고 사랑을 나누는 일에 치우치면 진리보다 은혜에 치우치게 되어 은혜 쪽에 있을 것이고, 육신의 속성이 정해진 규칙을 따르기 좋아하고 약속을 잘 지키는 일에 치우치면 은혜보다 진리에 치우치게 되므로 균형 있는 삶을 살기 어렵다.

둘째, 육신의 욕구를 거슬러 선택해야 하기 때문이다.

육신의 옷을 입고 사는 한 육신의 욕구를 채워야 한다. 먹지 않으면 배가 고프고, 잠을 자지 않으면 졸리게 되고, 쉬지 않으면 병들게 된다. 그러나 욕구에 따라 사는 것이 너무 치우치게 되면 자기의 생명을 사랑하게 되고 자기를 더 사랑하게 되어 예수님과 친밀한 관계를 맺기 어렵다 (요 12:24, 25참조).

자기를 사랑하지 않게 되는 것이 자기 포기이다. 예수님보다 자기를 더 사랑하지 않도록 하기 위하여 매일 자기를 부인하고 그리스도께 가까이 가는 선택을 해야 하는 십자가를 지고 살아야 한다.

> 무리와 제자들을 불러 이르시되 누구든지 나를 따라오려거든 자기를 부인하고 자기 십자가를 지고 나를 따를 것이니라(막 8:34).

셋째, 사탄이 거짓으로 유혹하기 때문이다.

사탄은 진리의 눈을 가려 거짓에 속아 살도록 하고 끊임없이 욕심에 따라 살도록 유혹한다. 사십 일 밤낮으로 금식한 예수님은 성령에 이끌려 광야로 가셨지만 그곳에서 사탄의 시험을 받으셨다(마 4:1-2 참조). 예수님이 사탄에게 받은 시험은 육신의 정욕과 안목의 정욕과 이생의 자랑에 대한 시험이었다. 마태복음 4장과 누가복음 4장에 예수님이 받은 시험을 기록하고 있고 두 번째와 세 번째 시험의 순서가 다르게 기록되었지만, 마태복음 4장의 시험 순서를 따라 살펴보면 다음과 같다.

예수님이 받은 첫 번째 시험은 육신의 정욕이었다.

육신의 정욕이란 자신이 일한 성과를 나타내고자 하는 욕심을 말한다. 내가 어떤 사람인지 보이고자 하는 욕심이다. 사탄은 예수님께 "만일 네가 하나님의 아들이면 이 돌들이 떡 덩이가 되게 하라"(마 4:3 참조)고 했다. 여기서 유심히 살필 것은 사탄이 성경의 사건을 사용했다는 사실이다.

엘리야가 갈멜산에서 바알 선지자 사백오십 명과 아세라 선지자 사백 명을 이기고 삼 년 동안 비가 내리지 않던 땅에 비를 내리게 한 영적인 대승을 거두고 난 후에 이세벨이 엘리야를 죽이겠다는 말을 듣고 절망하여 도망하여 로뎀나무 아래 앉아 죽기를 원할 때 천사가 엘리야의 머리맡에 둔 구운 떡과 물 한 병을 먹고 힘을 얻어 엘리야가 호렙산까지 가던 사건을 연상케 하는 시험이다(왕상 18, 19장 참조).

사탄의 시험에서 이길 수 있는 능력은 정확한 말씀의 적용에서 온다. 예수님은 "기록된 바 사람이 떡으로만 사는 것이 아니요"(신 8:3 참조)라는 정확한 말씀을 적용함으로 시험을 이기셨다.

사탄의 두 번째 시험은 이생의 자랑이었다.

이생의 자랑은 세상에 널리 이름을 날리고자 하는 욕심이다. 사탄은 예수님께 이렇게 말했다.

> 만일 하나님의 아들이거든 성전 꼭대기에서 뛰어내리라 그러면 하나님께서 너를 위하여 그의 사자들에게 명하여 그들의 손이 너를 받들어 발이 돌에 부딪치지 않게 할 것이다(마 4:6 참조).

사탄은 하나님의 전능하신 능력에 근거하여 예수님을 시험했다. 예수님은 사탄의 시험에 말씀으로 대적했다.

> 또 기록되었으되 주 너의 하나님을 시험하지 말라 하셨느니라(마 4:7 참조).

예수님은 신명기 6장 16절의 말씀으로 사탄의 두 번째 시험을 이기셨다.

사탄의 세 번째 시험은 안목의 정욕이었다.

안목의 정욕은 소유함을 원하는 인간의 욕심을 말한다. 사탄은 예수님을 데리고 지극히 높은 산으로 가서 천하 만국과 그 영광을 보여주면서 예수님께 "만일 내게 엎드려 경배하면 이 모든 것을 네게 주리라"(마 4:8 참조)고 했다. 예수님께서는 "사탄아 물러가라 기록되었으되 주 너의 하나님께 경배하고 다만 그를 섬기라 하였느니라"(마 4:10 참조)고 하시면서 사탄의 시험을 이기셨다. 예수님께서 사탄을 대적하여 쓰신 무기는 신명기 6장 13절 말씀이었다.

네 하나님 여호와를 경외하며 그를 섬기며 그의 이름으로 맹세할 것이니
라(신 6:13).

이처럼 분명한 말씀의 적용은 우리 앞에 놓인 시험을 이길 힘이 된다.
성령을 좇아 사는 선택은 삶에서 많은 열매를 맺게 된다. 성령에 따라 사
는 삶은 또한 생명과 축복의 통로가 되는 삶을 말하며 이때 필요한 것은
진리를 선택하는 일이다. 진리를 선택하기 위하여 다음의 두 가지를 행해
야 한다.

첫째, 말씀을 듣고 행해야 한다.

믿음은 들음에서 나고 믿음의 증거가 말씀에 따른 행동이다(롬 10:17,
약 1:22 참조). 믿음에 따라 행하지 않는데도 믿음이 있다고 말하면 이는 죽은
믿음이라고 하는데(약 2:17 참조) 죽은 믿음은 귀신도 가지고 있는 믿음이다
(약 2:19 참조). 행함으로 믿음이 온전하게 되는데(약 2:22 참조), 이는 말씀에
따라 행하는 삶을 살면 살수록 그리스도를 더 신뢰하는 삶을 살게 되고 성
령을 따르는 선택을 하여 그리스도 안에 온전히 거하게 됨을 의미한다.

하나님께서는 내가 전하는 복음 곧 예수 그리스도에 관한 선포로 여러분
을 능히 튼튼히 세워주십니다. 그는 오랜 세월 동안 감추어 두셨던 비밀을
계시해 주셨습니다. 그 비밀이 지금 예언자들의 글로 환히 공개되고 영원
하신 하나님의 명을 따라 모든 이방 사람에게 알려져서 그들이 믿고 순종
하게 되었습니다(롬 16:25-27, 표준새번역).

그리스도 안에 튼튼히 세워지는 일은 말씀에 따라 순종하는 삶을 통해

이루어져 간다.

둘째, 말씀에 순종하려면 대가를 지불해야 한다.

말씀을 듣고 자신에게 익숙한 것을 포기하고 새로운 것을 선택하려면 순종의 대가를 지불하게 된다. 하나님은 아브라함에게 "너는 너의 본토 친척 아비 집을 떠나 내가 네게 지시할 땅으로 가라"(창 12:1)고 했을 때 아브라함이 말씀을 듣고 순종하기 위한 포기해야 하는 대가는 아브라함이 태어나면서 살고 익숙했던 '우르' 땅을 떠나는 것이었다. 75세가 된 노인 아브라함이 고향을 떠나기란 쉽지 않았지만 익숙한 생각과 판단을 버렸기 때문에 고향 땅을 버리고 약속의 땅으로 향하는 대가를 지불하여 순종할 수 있었다.

3. 그리스도 안에 있는지를 위한 자기 점검

각각 자기의 일을 살피라 그리하면 자랑할 것이 자기에게는 있어도 남에게는 있지 아니하리니(갈 6:4).

인간의 욕구에 대하여 인본주의 심리학자인 아브라함 매슬로(Abraham Maslow)는 인간이 기본적이고 하위에 있는 동기, 즉 배고픔, 목마름 등과 같은 기본적인 욕구가 충족이 되어야 다음 단계의 욕구인 안전, 소속과 사랑, 자존심과 자아실현의 욕구를 실현하게 된다고 역설한다. 기본적인 욕구가 채워져야 자아실현을 하게 된다는 뜻이다. 그러나 성경은 무엇을 먹을까 무엇을 마실까 무엇을 입을까 염려하지 말고 먼저 하나님 나라와 그의 의를 구하라고 한다(마 6:31, 33 참조).

성령에 따라 산다는 것의 의미는 인간의 욕구에 따라 살지 않기로 선택하고 결단하는 삶이고 이는 자기 부인을 날마다 선택하는 삶으로 자기의 십자가를 지고 그리스도를 따르는 삶임을 알 수 있다(눅 9:23 참조). 따라서 육신의 자연스러운 욕구가 원해도 '아니다'라고 말하고 육신의 의지가 아닌 영원한 생명인 주어진 말씀에 따라 의지로 선택해야 성령을 따르는 삶을 살 수 있다(요 12:25 참조).

바울은 인간의 상태를 세 종류, 즉 육에 속한 사람, 신령한 사람과 육신에 속한 사람으로 나눈다(고전 2:14, 15; 3:3 참조). 육에 속한 사람은 구원받지 않은 사람이고, 육신에 속한 사람은 구원받았지만 아직 육체에 따라 사는 사람을 말하고, 신령한 사람은 구원받고 성령에 따라 사는 사람을 말한다.

그리스도인은 성령에 따라 살아야 그리스도와 친밀한 관계를 맺어 온전히 그리스도 안에 거하게 된다. 그러나 성령에 따라 살려고 하기보다는 육신의 욕구에 따라 살면 육신에 속한 사람이 되어 그리스도와 친밀한 관계를 맺기 어렵다.

다음 문항의 빈칸에 자신의 생각이나 느낌 혹은 행동을 써보자.

1. 내가 그리스도 안에 있다고 생각할 때 나는
_____을[를] 느낀다.
2. 내가 그리스도 안에 있어야 하는 상황에 처했을 때 나는
_____을[를] 한다.
3. 내가 예수 그리스도를 생각할 때 떠오르는 첫 번째 소원은
_____이다.
4. 내가 하나님께 불평하는 가장 큰 이유는
_____때문이다.
5. 하나님께서 나에게
_____을[를] 원하실 때 나는 기쁨을 느낀다.
6. 내가 하나님을 의심하게 되는 때는
_____때이다.
7. 내가 그리스도 안에 있기 위하여 바꾸어야 할 태도는
_____이다.
8. 나의 죄를 위하여 예수님이 십자가에 죽으시고 부활하셨다는 사건을 생각할 때 나는
_____을[를] 느낀다.
9. 하나님이 나에게 행하실 것 같아 좀 걱정이 되는 한 가지는
_____이다.
10. 하나님께서 주신 축복에 감사할 때 나는 하나님께서
_____하시기를 소원한다.
11. 내가 하나님을 신뢰하는 때는
_____때이다.
12. 내가 그리스도 안에 있다면 하나님이 나에게 항상
_____할 것이라 확실하게 믿고 있다.
13. 그리스도 밖에 있다고 생각할 때는
_____할 때이다.
14. 그리스도 안에서 느끼는 나의 놀라운 기쁨은
_____이다.

빈칸에 솔직한 자신의 마음을 썼는가?

솔직하게 썼다면 빈 칸에 쓴 스스로의 생각을 보고 무엇을 느끼게 되었는지 점검해 보자!

1) 자기 포기

내가 그리스도와 함께 십자가에 못 박혔나니 그런즉 이제는 내가 사는 것이 아니요 오직 내 안에 그리스도께서 사시는 것이라 이제 내가 육체 가운데 사는 것은 나를 사랑하사 나를 위하여 자기 자신을 버리신 하나님의 아들을 믿는 믿음 안에서 사는 것이라(갈 2:20).

그리스도 안에 있으려면 먼저 자기 포기를 해야 한다. 자기를 포기한다는 뜻은 십자가의 경험이 있다는 뜻이다. 자신을 위한 첫 번째 선택으로서 자기 포기는 자신을 의지하기보다는 그리스도를 신뢰하기로 선택하고, 세상보다 하나님 나라에 소망을 가지면서 육신의 쾌락보다 말씀과 성령의 인도를 받을 때 찾아오는 기쁨을 선택하는 것을 말한다.

자기 포기를 하려면 말씀을 믿고 소망을 가져서 기쁨을 누릴 수 있어야 한다. 자기 포기를 하면 자아가 비워지고 비워진 자아에 그리스도의 영으로 채울 수 있게 된다. 십자가의 경험이란 우리가 선택하는 우선순위가 그리스도이고 이로 인하여 육신의 욕구에 따른 감정, 생각과 의지에서 자유롭게 되는 경험이다.

그러나 그리스도 이외에 다른 어떤 사람 혹은 물건, 명예, 지위와 돈이 우선이라면 자기를 포기할 수 없게 된다. 또한 과거에 육신의 욕구로부터 생겨난 감정과 생각에 연결된 감정으로 괴롭거나 힘들어한다면 자기 포기가 되지 않은 것이다. 왜냐하면 자기 포기는 육신의 선택, 생각과 감정에 반응하지 않는 상태를 의미하는데 육신이 죽으면 선택, 생각과 감정도 반응하지 않게 되기 때문이다.

자기를 부인한다는 뜻은 육신의 선택, 생각, 감정이 일어나지 않는다는 뜻이고 자기 포기가 되면 욕구에 따라 선택하지 않고 육신의 생각이나 감정에 휘둘리지 않게 됨을 의미한다.

그렇다면 어떻게 자기 포기를 할 수 있을까?

> 누구든지 나를 따라 오려거든 자기를 부인하고 자기 십자가를 지고 나를 따를 것이니라(막 8:34).

예수님을 따르려는 사람은 자기를 부인하고 자기 십자가를 져야 한다. 자기를 부인한다는 뜻은 누구든지 말씀을 믿고 육신의 생각을 따르지 않겠다고 결단하는 선택을 한다는 뜻이다. 여기서 육신의 생명을 버린다는 뜻은 육신의 의지, 생각, 감정을 성령이 주신 의지로 아니라고 선포하면서 살겠다는 뜻이다.

그러면 자기 십자가를 진다는 뜻은 무엇일까?

자신을 돌아보아 육신의 죄를 씻음을 말한다. 예수님께서 십자가에서 죽으시기 전에 제자들의 발을 씻겨주셨는데 자기 십자가는 발을 씻는 일, 섬기는 일이다.

자기 십자가를 지는 방법은 매일 매일 자신이 어떤 상태에 있는지 인식하는 것이다. 지은 죄는 없는지, 다른 사람을 힘들게 하지는 않았는지, 자신의 행동으로 다른 사람을 아프게 한 일은 없는지 자신을 돌아봐야 한다. 또한 자신이 지은 죄가 있다면 회개하고 그리스도의 보혈로 죄로부터 깨끗해져야 한다. 회개로 돌이킬 때 중요한 점이 있는데 그리스도에 대한 소망이 있어야 한다.

주를 향하여 이 소망을 가진 자마다 그의 깨끗하심과 같이 자기를 깨끗게 하느니라(요일 3:3).

그리스도의 소망을 가진 사람은 모든 일에 자신을 먼저 돌아보고 자신의 부족함이나 연약함을 온전히 수용해야 다른 사람을 있는 그대로 받아들이게 된다.

자기 포기는 다음과 같은 세 과정을 거친다.

① 자기 인식
② 자기 수용
③ 자기 개방

첫째, '자기 인식'이란 자신을 살피고 아는 것을 말한다.

칼빈의 『기독교 강요』 제1장 제1절에 보면 "자신을 알지 못하고 하나님을 알지 못한다"라고 기록하고 있다. 자기 인식이 있어야 하나님을 알 수 있다. 성경에서도 "각각 자기의 일을 살피라 그리하면 자랑할 것이 자기에게는 있어도 남에게는 있지 아니하리니"(갈 6:4)라고 말씀하면서 자기를 먼저 살피라고 말하고 있다. 자기를 살펴 어떤 상태인지 알아야 다른 사람을 도울 수 있다.

종종 자신이 어떤 상태인지 모르고 다른 사람을 돕는 경우를 볼 수 있다. 또 돕는 이유나 동기가 육신의 욕구에서 비롯된 사람을 볼 수 있다. 종종 도움을 주어서 자신의 뜻에 따라 조정하려는 의도를 가진 사람도 있다. 자신이 베푼 도움에 대하여 감사하지 않으면 화를 내기도 하고 도움을 주지 않는 사람을 보면 비난하기도 한다.

> 외식하는 자여 먼저 네 눈 속에서 들보를 빼어라 그 후에야 밝히 보고 형제의 눈 속에서 티를 빼리라(마 7:5).

다른 사람을 비판하거나 비난하기 전에 자신을 살피지 않으면 그 비난은 자신의 의로움을 나타내려는 자기 욕구에서 비롯된 것일 뿐이다.

둘째, '자기 수용'이란 자신의 부족함이나 연약함을 온전하게 받아들임을 말한다.

자기 수용이 있어야 어떠한 상황에서도 감사하게 된다. 바울은 육체의 가시가 떠나도록 세 번이나 기도했는데, 하나님의 응답은 "내 은혜가 네게 족하다 이는 내 능력이 약한 데서 온전하여짐이라"(고후 12:9 참조)였다. 이로 인하여 바울은 육체의 가시를 온전하게 받아들일 수 있었고 그리스도를 위하여 약한 것들과 능욕과 궁핍과 박해와 곤고함을 기뻐할 수 있었고(고후 12:10 참조), 그리스도 안에서 기쁨이 넘쳐 감사할 수 있었다.

> 범사에 감사하라 이것이 그리스도 예수 안에서 너희를 향하신 하나님의 뜻이니라(살전 5:18).

아무리 어려운 상황이라도 겸허한 자세로 받아들이고 그리스도께서 앞으로 하실 일에 대한 기대와 소망이 있어야 자기 수용이 된다. 자기 수용이 되지 못한 이유는 자신의 기대에 따라 자신을 판단하고 타인을 만족시키려 하기 때문이다. 앞으로 그리스도가 하실 일을 기대하고 자신의 한계를 인정하면 자랑하지 않고 자기를 온전하게 수용할 수 있다.

> 너희 안에서 착한 일을 시작하신 이가 그리스도 예수의 날까지 이루실 줄
> 을 우리는 확신하노라(빌 1:6).

> 우리는 마땅한 정도 이상으로 자랑을 하려고 하지 않습니다. 우리가 여러
> 분에게까지 다다른 것도 하나님께서 우리에게 정하여 주신 한계 안에 된
> 일입니다(고후 10:13, 표준새번역).

자기 수용은 어떠한 환경 속에서도 하나님의 인도하심을 믿는 하나님에 대한 전적인 수용이다.

> 이 사람아 네가 누구이기에 감히 하나님께 반문하느냐 지음을 받은 물건
> 이 지은 자에게 어찌 나를 이같이 만들었느냐 말하겠느냐(롬 9:20).

자기 수용을 하게 되면 하나님께서 우리에게 주신 자신의 장점을 바라보고 다른 사람이 가진 장점과 비교하지 않게 된다. 하나님께서 주신 자신에게 주신 분량을 은혜로 여기고 감사하게 된다. 하나님의 뜻을 이루기 위하여 힘들고 괴로운 모습만 보고 결과에만 집중하면 현실에 만족하지 못할 때가 있다. 그러나 그리스도는 각 사람에게 자신의 분량대로 은혜를 주셨기 때문에(엡 4:7 참조) 부족하고 연약한 자신을 돌아보게 되더라도 감사하며 기뻐할 수 있다(고후 12:9 참조).

셋째, '자기 개방'은 있는 그대로 다른 사람에게 자신을 드러내 보임을

말한다.

자신을 감추기 위하여 연기하지 않고 솔직하게 보여줌을 말한다. 두 마음이 아닌 한마음을 갖는 일이며 거짓이 없음을 말한다. 자기 개방을 하려면 자신의 유익을 위하여 다른 사람을 속이려 하지 말아야 한다. 여기서 몇 가지 예를 들어 자기 개방 여부를 살펴보기로 한다.

자기 개방을 하지 않는 모습은 '~하는 척'하는 모습이다. 대표적으로 거룩한 척하는 모습이다. 우리가 죄가 없다고 말하면 자신을 속이는 것이고 진리가 우리 안에 있지 않게 된다(요일 1:8 참조). 그리스도인 중에서 의로운 척하기 위하여 열심히 봉사하고 기도하고 예배에 참여하는 사람을 본다. 그 동기가 남에게 보이기 위한 열심이라면 자신을 속이는 일이 된다. 그러나 그 동기가 하나님을 사랑하여 나타난 열심이라면 자기 개방이라 말할 수 있다.

자기 개방을 하려면 마음과 행동이 일치해야 한다.

> 두 마음을 품어 모든 일에 정함이 없는 자로다(약 1:8).

정함이 없다는 뜻은 안정이 없다는 뜻으로 해석이 된다. 두 마음을 가진다는 뜻은 하나님을 위하면서 자기를 위하는 마음을 동시에 가지고 있다는 뜻이다. 하나님과 세상에 두 발을 걸치고 있으면 말씀에 온전히 순종하지 못한다.

사울은 블레셋과 싸우기 전에 번제를 드리려고 사무엘을 기다리고 있었는데 사무엘이 오겠다고 정한 기한은 이레였는데 이레를 기다려도 사무엘이 오지 않자, 사울이 번제를 드렸고 번제를 마치자마자 사무엘이 와서 사울에게 "왕이 망령되이 행하였도다 왕이 왕의 하나님 여호와께 왕에게 내리신 명령을 지키지 아니하였도다"라고 말했다(삼상 13:8-14 참조).

사울이 말씀을 지키지 않았다고 말할 수 있을까?

그는 사무엘이 약속한 날짜까지 기다렸다. 그러나 급한 마음에 사무엘을 끝까지 기다리지 못하고 자신의 생각대로 말씀을 해석하고 자신이 번제를 드렸다. 사울은 말씀에 따라 행동하는 것처럼 보이지만 하나님을 신뢰하지 않고 자신을 신뢰하는 사람이었고 두 마음을 가진 사람이었다.

자기 개방을 하려면 서로 용납할 수 있어야 한다.

> 모든 겸손과 온유로 하고 오래 참음으로 사랑 가운데서 서로 용납하고 (엡 4:2).

서로를 용납하지 못하면 자기 개방을 하지 못한다. 왜냐하면 상대의 잘못을 용납하지 못하면 자신의 잘못도 상대가 용납하지 않는다고 생각하기 때문이다. 서로를 용납하지 못한다는 뜻은 자신의 잘못을 다른 사람의 탓으로 돌린다는 뜻이다. 선악과를 먹고 난 후에 하나님께 범죄한 아담과 하와는 자신의 죄를 용납하지 못하고 아담은 하와를 탓하고 하와는 뱀을 탓했다(창 3:12, 13). 따라서 자기 개방을 하려면 솔직해야 한다.

솔직하다는 의미는 말과 행동이 일치한다는 뜻이다. 즉, 말과 행동에 거짓이 없다는 뜻이다.

> 그런즉 거짓을 버리고 각각 그 이웃과 더불어 참된 것을 말하라 이는 우리가 서로 지체가 됨이라(엡 4:25).

솔직함이 없으면 하나가 되기 어려운데, 관계를 깨지 않고 상대의 마음을 상하게 하지 않으려고 솔직하지 않을 때가 있다. 이때 솔직하지 않으려는 동기가 자기를 위한 것이라면 거짓이지만 상대를 위한 배려로부터 온 것이라면 솔직하다 할 수 있다. 솔직한 말은 옳고 그름을 판단하는 말이 아니라 생명을 주는 말인지 사망에 처하게 하는 말인지로 구분해야 하기 때문이다. 예를 들면 건장한 여성에게 "건강하게 생겼어요"라고 하는 말은 솔직한 말이지만 때로는 그 말이 상대의 마음을 다치게 하는 말이 될 수 있다. 말함에 있어 분별하여 선택하는 지혜가 필요하다.

자기 인식, 자기 수용, 자기 개방의 과정을 거쳐야 자기 포기가 된다. 자기 포기는 하나님 앞에 겸손하지 않으면 하기 어려운 일이다. 자기의 연약함과 부족함을 인식하지 않으면 자기를 계속해서 나타내려 하고, 자기의 연약함과 부족함이 수용되지 않으면 자신의 모습을 그대로 나타내지 못하고 스스로 만들어 낸 거짓된 모습에 따라 살게 된다. 이렇게 되면 자신을 다른 사람보다 좀 더 낫게 보이려는 욕구에 사로잡히므로 다른 사람 앞에서는 말할 것도 없고 하나님 앞에서도 겸손하지 못하게 된다.

두 마음이 있으면 육신의 욕구가 살아 있다는 뜻인데 육신의 욕구에 따라 살게 되면 자기보다 남을 낫게 여길 수 없고 한마음으로 사랑하면서 그리스도의 뜻을 향해 나갈 수 없다. 왜냐하면 마음을 같이하고 같은 사랑을 가지고 뜻을 합하여 한마음을 품으려면 다툼이나 허영이 없어야 하고 겸손한 마음으로 자기보다 남을 낫게 여겨야 하는데, 두 마음은 다투려는 마음이고 욕심에 따라 살려는 마음이고 자신을 나타내려는 교만한 마음이고 (빌 2:2-3 참조) 교만한 마음에는 예수 그리스도가 없기 때문이다.

그는 근본 하나님의 본체시나 하나님과 동등됨을 취할 것으로 여기지 아니하시고 오히려 자기를 비워 종의 형체를 가지사 사람들과 같이 되셨고 사람의 모양으로 나타나사 자기를 낮추시고 죽기까지 복종하셨으니 곧 십자가에 죽으심이라(빌 2: 6-8).

두 마음으로 사는 선택을 하게 되면 그리스도께 죽기까지 순종할 수 없다.

2) 견고한 진

우리가 육신으로 행하나 육신에 따라 싸우지 아니하노니 우리의 싸우는 무기는 육신에 속한 것이 아니요 오직 어떤 견고한 진도 무너뜨리는 하나님의 능력이라 모든 이론을 무너뜨리며 하나님 아는 것을 대적하여 높아진 것을 다 무너뜨리고 모든 생각을 사로잡아 그리스도에게 복종하게 하니(고후 10:3-5).

그리스도 안에 있으려면 견고한 진을 무너뜨려야 한다. 대인 관계를 위한 두 번째 선택으로 견고한 진을 무너뜨리려면 위선보다는 정직을 선택하고, 다른 사람에게 인정받으려고 노력하기보다는 사랑을 선택하고, 다른 사람이 자신의 기대에 어긋난 행동을 한다고 분노하기보다는 용서를 선택해야 한다.

견고한 진은 영적인 요새나 성과 같은 것으로서 사탄이나 그의 군대가 숨을 수 있는 장소이다. 구약에서 언급한 '견고한 진'은 적의 공격으로부터 방어할 수 있는 광야에 세워진 요새이기 때문에(삼상 23:14 참조) 광야는 사탄이 머무르는 장소가 될 수 있다.

> 여호와는 나의 반석이시요 나의 요새시요 나를 건지시는 이시요 나의 하나님이시요 내가 그 안에서 피할 나의 바위시요 나의 방패시요 나의 구원의 뿔이시요 나의 산성이시로다(시 18:2).

광야란 물이 없고 햇빛이 따갑게 비추는 장소로 육신의 고난과 고통이 견고한 진을 세울 수 있는 곳이다. 우리는 광야를 지나며 고통 중에 하나님을 찾을 수도 있고, 또 견고한 진을 세울 수도 있다.

그러면 견고한 진이란 무엇인가?

사회나 문화를 통하여 굳어진 생각, 편견이나 고집, 하나님을 거부하는 이론, 창조를 반대하는 사상 등은 인간적인 생각과 계획으로 견고한 진이 된다. 또한 다른 사람과 비교하거나 다른 사람의 기대나 생각에 따라 행동함으로 발생하는 부정적 감정인 열등감이나 낮은 자존감이 견고한 진이 될 수 있다.

다시 정리하면 견고한 진이란 부정적인 생각을 말한다. 한 번의 경험으로 부정적인 생각이 굳어지기도 하고 계속되는 경험으로 부정적인 생각이 자리 잡기도 한다. 오감으로 느낀 경험으로 생긴 부정적인 생각은 뇌에 깊이 새겨져 행동 습관이 된다. 행동이 습관으로 자리 잡으면 다른 생각이나 판단에 따른 행동을 하기 어렵게 된다. 부정적인 생각은 하나님이 주신 생각이 아니기 때문에 부정적인 생각에 근거한 행동 습관은 말씀에 따른 순종을 어렵게 한다.

다른 사람에 대한 편견이나 자신의 생각을 고집하면 견고한 진이 될 수 있다. 일을 완벽하게 처리해야 한다는 생각이나 항상 규칙을 지켜야 한다는 생각도 견고한 진이 될 수 있다. 자신의 능력으로 일을 하려는 생각이나 규칙을 지킬 수 있다는 생각은 견고한 진이 되고 견고한 진으로 인하여 부정적인 감정이 형성되면 감사하기 어렵다. 결국 하나님을 의심하고 하나님께 불평을 터뜨려서 마음으로부터 그리스도를 몰아내어 더욱 견고한 진을 세우게 된다.

또한 실패를 통한 좌절의 경험도 좌절에서 얻은 교훈에 민감하지 않으면 견고한 진이 된다. 실패한다는 생각이 굳어지면 자신의 존재를 실패자라고 인식하여 '나는 항상 실패자야, 나는 단지 죄인이야, 나는 성령 안에서 살려고 하지만 그럴 수 없어'라고 하면서 견고한 진을 세우게 된다.

실패자라는 생각에서 돌아서려면 회개를 해야 하는데, 회개의 정의는 "생각이 변화되어 돌이키는 것"을 말한다. 하나님이 승리자라고 하신 말씀을 믿지 못하여 실패자라고 자신의 존재를 인식한 불신앙을 회개해야 한다. 말하자면 말씀에 따라 자신을 승리자라고 인식하는 것이 회개이며 불신앙에서 벗어나는 일이다.

어떻게 생각이 변화될까?

생각의 변화는 말씀을 들음에서 시작된다. 성경은 "내게 능력 주시는 자 안에서 내가 모든 것을 할 수 있다"(빌 4:13 참조)라고 말한다. 이 말씀을 듣게 되면 '모든 것'을 할 수 있다는 뜻이 무엇인지 생각하게 된다. '모든 것'을 할 수 있다는 뜻은 비천에 처할 수도 있고 풍부에 처할 수도 있다는 뜻인데(빌 4:12 참조), 이러한 말씀을 들음으로 패배자에서 승리자로 생각을 돌이킬 수 있다.

하나님이 실패를 허용하실 때는 패배자가 되기 원해서라기보다는 하나님의 자녀임을 깨닫게 하기 위함이다(히 12:7 참조). 패배자라는 낙인을 찍기 위함이 아니라 실패를 허용함으로써 하나님을 더욱 의지하도록 하기 위함이다. 이 말씀을 믿음으로 듣고 실패가 그리스도의 형상으로 닮아가게 하는 하나님의 수단임을 깨닫게 되면 더 이상 패배자의 삶을 사는 것이 아닌 승리자의 삶을 살며 감사하게 된다(롬 8:29 참조).

또한 세상을 두려워하지 않고 하나님을 두려워해야 생각이 변화된다. 하나님은 사랑이시고 사랑 안에는 두려움이 없다(요일 4:16, 18 참조). 세상을 두려워하면 하나님을 두려워하지 않게 되고 하나님을 두려워하면 세상을 두려워하지 않게 된다. 하나님을 두려워하면 악을 미워하게(잠 8:13 참조) 되기 때문에 진리와 거짓을 구별하게 된다.

또한 하나님을 두려워하면 지혜가 있어서(시 111:10 참조) 세상에서 말씀을 적용하면서 살게 되고 적은 소유에도 만족하게 된다(잠 15:16 참조). 하나님을 두려워하면 말씀을 좇게 되고 세상을 두려워하면 육신을 좇게 된다. 육신을 좇으면 사탄의 침투가 가능하기 때문에 죄와 저주 속에 있는지 자신을 돌아보아야 한다. 또한 세상의 두려움을 이기려면 그리스도의 보혈이 사탄을 이기었음을 믿어야 한다.

그리스도의 십자가와 부활을 묵상하고 그리스도의 승리가 나의 승리임을 믿고 말로 선포해야(롬 10:10 참조) 세상을 이길 수 있다. 견고한 진이란 부정적인 경험으로 인한 부정적인 생각과 감정, 하나님을 거부하는 생각 등인데, 하나님을 두려워하여 말씀을 좇아 살다 보면 성령의 생각을 좇아 살게 된다.

견고한 진을 어떻게 무너뜨릴 수 있을까?

첫째, 온전한 진리를 알고 채운다.

거역하는 자를 온유함으로 훈계할지니 혹 하나님이 그들에게 회개함을 주사 진리를 알게 하실까 하며(딤후 2:25).

회개에 대한 깨달음이나 가르침이 있어야 진리를 알게 되어 견고한 진을 무너뜨릴 수 있는데, 요즘은 회개에 대한 설교보다 사랑에 대한 설교가 많다. 이로 인해 많은 그리스도인이 부분적인 하나님을 알게 되어 죄의 유혹에 쉽게 빠지게 되었다. 하나님은 사랑의 하나님이기도 하지만 두려운 공의의 하나님이기도 하다(요일 4:16; 히 12:28 참조).

어떤 사람이 성적인 유혹에 빠졌다가 회개하여 돌아왔는데, 자신이 성적인 유혹에 빠진 이유를 사랑의 하나님만 알고 사랑의 하나님에 대한 말씀만 들었기 때문임을 깨닫게 되었다. 만일 두려운 하나님에 대한 말씀과 훈계를 알았다면 성적인 유혹에 그렇게 쉽게 빠지지 않았을 것이라고 고백한다. 그 이유는 하나님을 두려워한다는 것은 악을 미워하는 것이고(잠 8:13 참조), 하나님을 두려워함은 생명의 샘이 되므로 사망의 그물에서 벗어나게 하기 때문이다(잠 14:27 참조). 하나님을 두려워함으로 악을 미워하는 온전한 진리를 알아야 견고한 진을 무너뜨리게 된다.

둘째, 유혹을 받더라도 받아들이는 잘못을 저지르지 않아야 견고한 진을 무너뜨릴 수 있다.

유혹을 받는 순간 즉시 거부하지 않으면 마음에 남아 유혹에 넘어가게 한다. 만약에 성적인 유혹을 받게 되면 '그리스도의 보혈로 인하여 죄는 이미 처리되었기 때문에 나는 말씀에 순종할 수 있어. 지금부터 더러운 것을 보거나 성적인 유혹이 될 수 있는 생각을 하지 않을 거야' 하고 즉시 유혹을 거부해야 유혹에 넘어가지 않는다. 그러나 유혹을 받는 첫 번째 단계에서 머뭇머뭇거리고 단호하지 못하면 성적인 상상을 하게 되고 더 이상 유혹을 거부하지 못하고 사탄의 올무에 점점 깊이 빠지게 된다.

그런즉 선 줄로 생각하는 자는 넘어질까 조심하라(고전 10:12).

셋째, 세상에서 오는 하나님을 부정하는 생각과 사상을 대적해야 한다.
하나님을 부정하는 생각이나 사상을 어떻게 대적할까?

육신의 욕구를 끊고 귀를 열어 말씀을 듣고 진리를 깨달아야 한다. 어둠에 거하면 거짓을 분별하기 어려워 거짓을 모르지만 빛 아래 있으면 어둠에 있는 것들이 밝히 드러나서 거짓과 진리를 분별할 수 있다. 빛은 말씀이요 어둠은 세상이다. 또한 말씀을 통해 지혜롭게 된 사람이 거짓에 대적할 수 있다. 견고한 진을 무너뜨릴 수 있다는 의미이다.

지혜로운 자는 용사의 성에 올라가서 그 성이 의지하는 방벽을 허느니라 (잠 21:22).

어떻게 말씀을 듣고 지혜로워질 수 있을까?

하나님을 두려워해야 지혜로워진다(잠 21:22 참조). 하나님을 두려워하는 사람은 성에 올라가는데 '성을 올라간다'는 뜻은 육신의 욕구를 끊고 이긴다는 뜻이다. 육신의 욕구가 크면 하나님을 거부하는 지식이나 사상이 달콤하게 느껴진다. 육신의 욕구는 하나님처럼 되고 싶어 하기 때문에 하나님 자리에 자신이 올라가 앉아 있게 된다. 사탄이 주는 거짓을 믿으면 자신이 하나님이 된 것처럼 착각하여 육신의 욕구를 채우는 것이 정당하게 느껴진다.

그러나 욕심이 잉태한즉 죄를 낳고 죄가 장성한즉 사망을 낳게 된다(약 1:15 참조). 욕구로 죄가 쌓이게 되면 사탄과 같이 멸망하게 된다(요일 3:8 참조). 아이가 아이스크림의 단맛을 잊지 못하여 계속해서 아이스크림을 찾아 먹게 되면 이가 썩고 배가 아프게 되는 이치와 같다. 인간의 욕구, 욕심이 계속 견고한 진을 쌓게 될지 하나님의 말씀으로 지혜를 얻을지 선택할 수 있다.

요즘은 정교(政敎)의 분리를 주장한다. 가톨릭이 영국을 지배할 때 청교도는 그들의 종교를 선택할 자유가 없었기 때문에 독립전쟁에서 미국이 영국으로부터 승리한 후에 1789년 헌법에서 정교 분리를 제정했고, 그 후 1791년 12월 15일 헌법 수정안을 만들 때 종교는 국가와 분리되어야 한다는 내용을 수정헌법 1조로 첨가했다.

그러한 바탕에서 정교 분리의 기본적 정신이 전 세계에 퍼지게 되었다. 원래 정교의 분리는 종교가 국가를 다스리는 것을 막고 종교의 자유를 보장하기 위한 취지인데, 수정된 헌법의 해석을 왜곡시켜 악이용한 미국의 급진주의자들은 정교 분리의 취지를 변질시켜 교회는 공적인 영역에 영향을 주어서는 안 된다고 해석하므로 교회가 세상에 빛과 소금의 역할을 수행하지 못하게 하고 말씀의 영향력을 축소시켰다.

교회는 세상 가운데 복음을 전파하며 하나님의 나라를 확장해 나가야 함에도 불구하고, 교회의 역할을 사적인 영역에만 제한하여 축소시킴으로써 하나님 나라의 확장을 교묘히 막고 있다. 말씀은 절대적 진리임에도 불구하고 말씀 이외에 다양한 진리가 있다고 말하고, 개인의 생각이 진리라고 말하면서 하나님의 절대 진리를 거부하는 포스트모더니즘 문화가 말씀을 흔들고 있다. 포스트모더니즘은 정치적인 힘을 갖고 종교와 대적하기 있기에 때문에 세상을 따르는 거짓 사상과 맞서지 않으면 그리스도인으로 살아가기 어렵게 된다.

또한 그리스도인은 종종 대대로 죄성이 제대로 제거되어 있지 않는 가정에서 신앙을 습득하여 잘못된 신앙을 진리로 알고 있거나 물질문명에 물들어 있어 세상적 가치관을 성경적 가치관으로 여기면서 살기도 한다.

그리스도인은 세상이 주는 비뚤어진 사고와 생각을 거부하고 하나님의 약속을 신뢰해야 세상이 주는 거짓된 생각이나 사상에 맞설 수 있다. 견고한 진은 자신을 사랑하려는 마음과 세상을 따르려는 욕구가 쌓여 만든 성에 빛이신 말씀이 비추어져야 견고한 진이 드러나고, 말씀으로 세상적 가치관을 바꾸어야 견고한 진이 무너져서 하나님 약속에 대한 소망을 붙들 수 있다.

3) 깨끗하게 됨(Cleansing)

> 그런즉 사랑하는 자들아 이 약속을 가진 우리는 하나님을 두려워하는 가운데 거룩함을 온전히 이루어 육과 영의 온갖 더러운 것에서 자신을 깨끗하게 하자(고후 7:1).

그리스도 안에 있으려면 '깨끗하게 되어야' 한다. 우리의 삶을 위한 세 번째 선택으로서 깨끗하게 됨은 축복된 말씀과 저주의 말씀을 기억하고 축복의 말씀에 따라 살기로 결단하고 사탄의 거짓과 유혹을 말씀으로 대적하여 사망의 길이 아닌 생명의 길을 성령 안에서 선택하는 삶을 사는 것을 의미한다.

어떻게 깨끗하게 될까?

육신의 모든 죄로부터 깨끗해져야 한다. 모든 죄에서 깨끗하게 되려면 빛 가운데 행해야 하고 서로 사귐이 있어야 한다.

> 그가 빛 가운데 계신 것같이 우리도 빛 가운데 행하면 우리가 서로 사귐이 있고 그 아들 예수의 피가 우리를 모든 죄에서 깨끗하게 하실 것이요 (요일 1:7).

첫째, 빛 가운데 행해야 깨끗해진다.

여기서 빛 가운데 행하는 것이 무엇을 말하는 것인지 정의가 필요하다. 먼저 빛이란 하나님의 말씀이다. 예수님이 빛이고 예수님이 말씀이기 때문에 빛은 말씀이다(요 1:1; 요 8:12 참조). 말씀이 빛이라는 의미는 말씀이 곧 영이요 생명이기 때문에 영을 살리는 말씀이 빛이라는 뜻이다.

> 살리는 것은 영이니 육은 무익하니라 내가 너희에게 이른 말은 영이요 생명이라(요 6:63).

사탄도 때로는 말씀으로 유혹하기 때문에 잘못된 말씀을 적용하게 되면 영을 죽이는 말씀이 된다.

빛이 말씀이라면 '말씀 가운데 행하라'는 말에 대하여 뜻을 분명히 할 필요가 있다.

'가운데'라는 말은 어떤 의미를 가질까?

'빛' 가운데 행하는 것이란 말씀 가운데 행하는 것이고 '가운데'는 좌로 나 우로나 치우치지 않도록 행함을 의미한다.

> 오직 강하고 극히 담대하여 나의 종 모세가 네게 명령한 그 율법을 다 지 켜 행하고 우로나 좌로나 치우치지 말라 그리하면 어디로 가든지 형통하 리니(수 1:7).

말씀이 좌로 치우치거나 우로 치우치게 되면 말씀을 엉뚱하게 적용하게 된다.

말씀이 좌로나 우로나 치우치지 않게 하기 위하여 어떻게 해야 할까?

우리 안에 계신 말씀이 어떻게 역사하는지 살펴야 한다. 이는 생명의 말씀이 우리 전체를 온전하게 비춰는지를 살펴보라는 뜻이다. 온전하게 말씀이 조명된다는 뜻은 말씀으로 영혼육이 찔려 쪼개져야 한다는 뜻이다.

> 하나님의 말씀은 살아 있고 활력이 있어 좌우에 날 선 어떤 검보다도 예리 하여 혼과 영과 및 관절과 골수를 찔러 쪼개기까지 하며 또 마음의 생각과 뜻을 판단하나니(히 4:12).

말씀으로 육신의 욕망과 진리를 구분해야 혼이 쪼개지고, 육신으로 느끼는 오감과 말씀으로 깨닫게 되는 계시를 구분해야 관절과 골수가 쪼개진다.

또한 빛 가운데 행한다는 뜻은 사랑 가운데 행하는 것이다(요일 4:16 참조). 사랑 없는 행함은 어두움 가운데 행하는 행동이라는 뜻이다. 사랑 가운데 행하기 위하여 하나님이 주신 사랑과 이기심을 구분해야 한다. 이기심으로 행동하는 사랑은 자기 유익을 위하여 행하는 것이지만 빛 가운데 행하는 일은 하나님의 사랑에 반응한 행동이기 때문이다.

실제로 빛 가운데 행하는 일은 쉽지 않은데 빛을 받으면 그림자도 생기게 되기 때문이다. 빛이 강하면 강할수록 그림자는 짙어진다. 빛을 받으면 주님께서 주신 생명도 자라지만 육신의 잡초도 같이 자라게 된다. 육신의 잡초란 이기심, 자기만족, 자기애 등과 같이 자신을 사랑하는 마음이며 육신의 욕심을 채우는 행동을 선택하고 싶은 욕망이다. 빛에 따른 생명이나 그림자로 인하여 자란 육신의 욕심 때문에 말씀을 좇아 행동을 할 수도 있고, 육신의 욕망에 따라 행동을 할 수도 있다.

육신의 감각에 따라 생각하고 판단하면 어두움 가운데 행하게 되고 성령이 인도하는 생각과 판단을 따르면 빛 가운데 행하게 된다. 예를 들면 다른 사람을 돕거나 섬기거나 기부 등의 선한 일들은 행동도 선해야 하지만 동기도 선해야 한다. 자신을 드러내기 위한 선행이라면 어두움 가운데 행하는 행동이고 하나님의 영광을 위한 동기라면 빛 가운데 행하는 행동이다. 겉으로 드러난 행동이 같아도 동기를 잘 구분하여 선택해야 육신의 욕심을 따라 살지 않게 된다.

둘째, 사귐이 있어야 깨끗해진다.

사귐이란 이웃 사랑을 의미한다.

그의 형제를 사랑하는 자는 빛 가운데 거하여 자기 속에 거리낌이 없으나 그의 형제를 미워하는 자는 어둠에 있고 또 어둠에 행하며 갈 곳을 알지 못하나니 이는 그 어둠이 그의 눈을 멀게 하였음이라(요일 2:10-11).

그러면 누가 이웃일까?

예수님은 우리에게 긍휼을 베푸는 사람이 이웃이라고 말씀하신다(눅 10:36 참조). 어떤 율법 교사가 자기가 옳다는 것을 보이려고 "누가 내 이웃이냐"고 예수님에게 물었다. 예수님은 선한 사마리아인의 비유를 들면서 강도를 만난 사람을 도운 사마리아인이 이웃이고 강도를 모른 체하며 자비를 베풀지 않았던 제사장이나 레위인은 이웃이 아니라고 말씀했다(눅 10:29-37 참조).

사귐이란 가정이나 교회, 혹은 직장이나 사업장에서 이루어지는 교제다. 영성은 하나님과의 관계에서 자라지만 이웃과의 관계가 부족하면 영적인 성장은 한계가 있다. 그 한계를 뛰어넘어서 하나님을 사랑하고 형제를 사랑하라고 하신다.

그러나 신앙의 공동체 내에서도 정의로워야 한다면서 자신의 판단으로 의롭지 못한 사람을 비판하고 다투며 반목하는 경우가 있다. 이렇게 다툼이 있을 때 사탄의 타깃은 악한 사람이 아니라 예수님을 신실하게 믿는 사람임을 기억하라. 다툼으로 인해 마음의 상처를 받고 예수님과 멀어지는 사람은 오히려 그리스도 안에 있기를 원하고 소망하는 사람이다. 다툼을 걸어오는 사람은 육적인 사람이거나 하나님을 모르는 사람이기 때문에 그들은 사탄의 관심 대상이 아니다.

옳음을 실현하기 위하여 사랑하지 못하고 있다면 그 옳음 뒤에 사탄이 숨어 있음을 명심하자. 하나님의 사랑에 기반을 둔 동기에 근거하지 않는 비판이나 좋은 사회를 만든다는 외침이나 정의를 실현하겠다는 슬로건은 거짓이고 속이는 말이며 그저 말장난에 불과하다.

그리스도 안에 온전히 거하려면 깨끗해야 된다. 깨끗하게 된다는 뜻은 매일매일 자신을 살펴 육신이 행한 죄나 육신의 욕망을 끊은 후에 가정과 교회와 사회에서의 사귐에 있어 그리스도의 사랑으로 교제한다는 뜻이다.

우리가 무엇을 살펴야 될까?

말씀에 비추어 영혼육을 찔러 쪼개어 육신의 죄성에 기초한 행동과 생각을 돌이켜 성령을 좇아 행하는지 살펴보아야 하며, 사랑으로 가정과 교회와 사회에서 교제하고 있는지도 매일 살펴야 한다. 말씀으로 자신을 살펴보고 어두움 가운데 있는 생각과 행동이 거짓임을 진리와 비교하여 회개하고 분리해야 한다.

회개의 정의는 향하던 방향에서 180도 방향을 바꾸는 것을 의미하고, 말씀에 따라 살 수 있는 성령의 능력이 우리에게 임함을 의미한다. 또한 말씀을 좇아 살면서 그리스도와 사랑의 관계를 맺고 경험하게 되면 육신의 욕망과 거짓된 생각이 분리되기 시작한다.

결론적으로 자기를 포기하고, 말씀을 내면에 비추어 육신에 쌓여 있는 부정적인 생각과 부정적인 감정을 해소함으로 견고한 진을 무너뜨려야 하며, 매일 스스로 돌아보아 죄를 회개하고 사랑으로 교제해야 그리스도 안에 거하게 된다.

선택 질문

① 그리스도 안에 거하는 선택을 하는 데 가장 방해가 되는 것은 무엇일까?

② 그리스도 안에 거하는 선택을 하지 못하는 이유는 무엇일까?

③ 그리스도 안에 있는지 알기 위한 삶의 증거는 무엇일까?

제2장

첫 번째 선택: 자기 포기

1. 신뢰 vs 의심

> 예수께서 즉시 손을 내밀어 그를 붙잡으시며 이르시되 믿음이 작은 자여 왜 의심하였느냐 하시고 (마 14:31).

자기 포기는 우리의 첫 번째 선택으로 말씀을 신뢰하기로 결정하고 하나님 나라의 소망을 가지고 살면서 그리스도 안에 거하는 생명의 기쁨을 따르는 선택이다. 신뢰와 의심은 서로 반비례한다. 신뢰가 커지면 의심이 작아지고 의심이 커지면 신뢰는 작아진다. 예수님이 베드로가 물 위를 걷다가 빠져들어 갈 때 하신 말이 "믿음이 작은 자여 왜 의심하였느냐"였다.

베드로가 의심하게 된 이유는 물 위를 걷고 있을 때 불어오는 풍랑 때문이었다. 어부인 베드로는 갈릴리 전문가로 풍랑을 보면 어떤 풍랑인지 알 수 있었는데, 그때의 풍랑은 배를 뒤집을 수 있는 강력한 것이었고 어떤 사람도 살아남을 수 없는 것이었다. 풍랑을 보니 걸을 수 없다는 생각과 의심이 들어 물에 빠지게 되었다.

베드로는 예수님께 구해달라고 소리질렀고 그때 예수님께서 손을 내밀어 베드로를 물에서 건지면서 하신 말씀이 "믿음이 작은 자여 왜 의심하였느냐"이다(마 14:22-33 참조). 베드로는 믿음이 작은 자였지만 의심하지 않을 수 있었음을 예수님의 말씀을 통해 알 수 있다. 믿음이 작아도 예수님만 바라본다면 의심하지 않고 신뢰할 수 있음을 알 수 있다.

예수님은 하나님 아버지만 바라보았고 하나님 아버지의 뜻에 따라 행동하셨다. 예수님은 하나님 아버지를 신뢰하여 아버지가 원하는 일만 하셨다(요 5:30 참조). 자신이 하고 싶은 일을 선택하면 자신을 의지하게 되지만 하나님이 원하는 일을 선택하면 하나님을 신뢰하게 된다. 자기를 포기하면 자신을 의지하지 않고 하나님을 의지하게 되어 하나님을 경험하고 하나님을 신뢰하게 된다. 하나님을 신뢰하지 않으면 하나님을 경험하지 못하게 되는데, 하나님을 신뢰하면 하나님께서 일하시기 때문이다.

예수님께 자신을 온전히 맡겨야 자기를 포기하게 되는데 자신을 맡긴다는 의미는 지금부터 자신을 의지하지 않겠다는 의지적인 선택과 결단을 말한다. 자신을 의지하면 자신이 일해야 하지만 하나님을 의지하면 하나님이 일하신다(고전 15:31 참조).

1) 신뢰

예수 그리스도는 어제나 오늘이나 영원토록 동일하시니라(히 13:8).

신뢰란 무엇인가?
신뢰란 굳게 믿고 의지한다는 뜻이다. 신뢰할 만한 대상이 되려면 선한 존재로서 약속을 반드시 지킬 수 있는 능력과 의지가 있어야 한다. 하나님은 선하시고 약속을 지킬 능력과 의지가 있으시다. 하나님은 신뢰할 수 있는 대상인데 하나님을 신뢰하는 사람이 있는가 하면 신뢰하지 못하는 사람도 있다. 말씀에 따라 믿고 의지해 본 결과 하나님을 신뢰하게 된다. 믿음에서 믿음으로 이르게 한다는 말씀은(롬 1:17) 믿어야 신뢰할 수 있다는 뜻이다.

아무리 신뢰할 수 있는 존재라도 믿음을 먼저 드려야 신뢰할 수 있다. 또한 사람마다 하나님을 어떻게 경험하는지에 따라 신뢰하기도 하고 의심하기도 한다. 하나님은 영이시므로 눈으로는 볼 수 없다. 그러므로 육신의 눈으로 보려고 하면 하나님을 의심하게 된다. 그러나 믿음의 눈으로 말씀을 보면 하나님을 보게 되어 신뢰하게 된다.

어떻게 신뢰할 수 있을까?

첫째, 신뢰하려면 믿음이 전제되어야 한다.

믿음이란 무엇일까?

재벌은 돈을 믿고, 정치가는 권력을 믿으며, 건달은 주먹을 믿는다. 그리스도인의 믿음은 보이지 않는 하나님을 향하여 외쳤던 소원들이 현실에 이루어진 증거이다.

> 믿음은 바라는 것들의 실상이요 보이지 않는 것들의 증거니(히 11:1).

믿음은 바라는 것들이 이루어진다는 권리 증서이고, 보지 못하는 것들이 존재한다는 확신에 근거한 증거이다. 육신의 눈으로 보이지 않지만 보이지 않았던 것을 마음으로 소원하게 되어 믿음이 생기면 보이지 않던 것이 실제로 이루어진다는 뜻이다.

믿음은 바라는 것들의 실상이다. 돈을 많이 벌기를 바라면 돈이 믿음의 대상이 된다. 자녀가 행복하기를 바란다면 자녀의 행복이 바라는 것의 실상이 되고, 가정이 화목하기를 바라면 가정의 화목이 바라는 실상이 된다. 사람은 각각 바라는 바를 얻는 방법이 다른데 건달은 주먹으로 바라는 바를 얻고, 재벌은 돈으로 바라는 것을 얻으며, 정치인은 권력으로 원하는 바를 얻으려 한다. 원하는 바를 얻으려고 의지한 방법이 믿음의 대상이 된다.

그리스도인은 바라는 바를 하나님의 약속에 의지하여 소망을 가지고 구해야 한다. 예수를 믿으면 바라는 바를 얻게 된다. 그러나 예수님을 신뢰하지 못하면 자신이 택하는 방법으로 원하는 바를 얻어야 한다.

두 자매가 있었다. 언니가 뛰어나서 동생은 모든 면에서 언니에게 가려져 있었다. 물론 동생도 탁월한 재능과 능력이 있었지만 언니가 월등해서 동생은 항상 언니보다 못하다고 생각하면서 살았다.

언니보다 못하다고 생각하면서 자란 동생은 어떻게 될까?

동생은 자라면서 열등감이 생겼고, 다른 사람 앞에서도 자신감 있게 일을 할 수 없었고 치열하고 경쟁적인 사회 환경에서 살아남기가 어려웠다. 동생은 기도할 때마다 하나님께 원망하면서 '왜 내게 이러한 고통을 주었는지'를 물었다.

동생이 바라본 믿음의 대상은 누구일까?

동생은 언니를 바라보고 살았고 언니보다 낫기를 바라고 자신의 노력으로 이루려 했지만 자신을 늘 부족하게 여겼고 이로 인하여 열등감과 우울감에 시달렸다.

만일 동생이 예수님께서 필요를 채워주신다는 약속(잠 30:8 참조)을 신뢰했다면 상황은 어떻게 바뀌었을까?

만일 동생이 '그래 나는 너무 약하지. 아무리 해도 나는 할 수 없어. 그래서 나는 예수 그리스도를 바라볼 수밖에 없어'라고 고백하고 예수 그리스도를 바라보았다면 예수님이 하신 약속에 따라 동생의 필요를 채워주셨을 것이다. 바울은 약할 때 자신의 능력으로 강해지려고 하지 않고 예수님에게 기도했다. 기도는 예수님을 신뢰한다는 표현이고 예수님을 신뢰한 바울은 약함에서 벗어날 수 있었다.

그러므로 내가 그리스도를 위하여 약한 것들과 능욕과 궁핍과 핍박과 고난을 기뻐하노니 이는 내가 약한 그때에 곧 강함이니라(고후 12:10).

예수님을 신뢰하면 우리의 약함이 강함이 된다. 신뢰를 선택하는 일은 강력한 힘이 된다.

둘째, 인간의 오감에 의지하지 않고 예수님과의 영적인 교제에 의지해야 신뢰할 수 있다.

믿음은 실상이다.

실상이란 무엇인가?

실상은 "휘포스타시스"(ὑπόστασις)로 '~ 아래에 있다'라는 뜻이고, 볼록 렌즈나 오목 렌즈 등으로 빛을 모아서 생긴 상을 말한다. 그리스도 아래에 있어 예수님께 집중하면 바라는 것이 실제로 이루어진다. 그리스도 아래에 있다는 뜻은 말씀이 인도하는 대로 따라간다는 뜻이고, 그리스도께 집중한다는 뜻은 사람이나 환경을 바라보지 않고 오직 그리스도만 바라본다는 뜻이다. 예수님께 맡기고 예수님만 바라보면 말씀의 약속에 따라 우리가 바라는 것을 얻게 되지만, 세상을 바라보고 그 아래 있으면 세상의 논리로 경쟁해서 원하는 것을 얻게 된다.

셋째, 하나님을 알아야 신뢰할 수 있다.

과학 지식이나 인간의 오감으로 알게 된 지식으로는 하나님을 알 수 없고 계시적 지식(revelation knowledge)이 있어야 하나님을 알고 신뢰하게 된다. 과학적 지식이나 인간의 오감으로 아는 인간의 이성적 지식으로는 하나님께서 모든 만물을 창조하신 창조자이심이나 생명의 원천이심을 찾기 어렵다. 이성은 자연스럽게 진화론을 받아들인다. 그러나 하나님의 계시적 지식은 하나님이 창조자이심을 알려주어 하나님의 능력을 신뢰하게 된다.

> 형제들아 내가 너희에게 알게 하노니 내가 전한 복음은 사람의 뜻을 따라 된 것이 아니니라 이는 내가 사람에게서 받은 것도 아니요 배운 것도 아니요 오직 예수 그리스도의 계시로 말미암은 것이라(갈 1:11-12).

창세기의 창조 사건이 믿어져야 하나님을 신뢰하게 된다.

넷째, 고난을 통하여 예수님을 더욱 신뢰하게 된다.

바울은 "우리를 그리스도 안에서 이기시게 하는 하나님께 감사한다"(고후 2:14)고 한다. 고난을 통하여 바울은 예수님을 더욱 신뢰하게 되었고 삶에서 승리할 수 있었다. 고난을 통하여 바울은 날마다 죽을 수 있었고 그의 자아가 죽음으로 인하여 하나님이 주신 능력이 채워져 삶에서 승리하는 경험을 하게 되었다. 그래서 우리는 고난으로 약하게 될 때 도리어 강하게 되어 그리스도 안에서의 승리를 기뻐하게 된다(고후 13:9 참조).

하나님을 신뢰하게 되면 어떻게 될까?

첫째, 하나님을 신뢰하면 영원한 안식을 얻는다(히 4:3 참조).

한 선교사가 아프리카 언어로 성경을 번역하고 있었는데 요한복음에서 많이 등장하는 '믿는다'는 단어를 어떻게 번역해야 할지 몰랐다. 기도하며 지혜를 구하고 있는 선교사에게 어느 날 다른 지역에서 온 원주민이 선교사에게 전달할 중요한 메시지를 가지고 왔다. 그는 얽혀 있는 덤불을 힘들게 헤치고 몇 시간 동안 뛰어왔기에 체력이 완전히 바닥났다.

원주민이 의자에 몸을 던지듯 기대면서 무심코 뱉은 한 단어가 있었는데, 탄식으로 들리는 아프리카어 단어가 생소하여 선교사는 그 뜻을 원주민에게 물었다.

"그 단어는 '여기에 나의 모든 무거운 짐을 내려놓고 안식하고 있다'라는 뜻입니다."

그래서 이 단어가 요한복음에서 말하는 "믿는다"의 뜻의 아프리카어가 되었다. 즉, 믿음이란 모든 짐을 내려놓고 안식을 선택하는 일인 것이다.

둘째, 예수님을 신뢰하면 보이지 않는 약속이 이루어짐을 실제로 보게 된다.

믿음이란 보이지 않는 것들의 증거이다. 보이지 않지만 사실이 확인됨을 말한다.

어떻게 보이지 않는 것이 사실로 확인될 수 있을까?

예를 들면 '바람'이라는 현상은 눈에 보이지 않지만 나뭇가지가 흔들리는 모습을 보고 바람이 분다는 것을 알 수 있다. 하나님의 약속은 보이지 않지만 믿음의 조상에 대한 역사를 읽거나 다른 그리스도인의 간증을 듣고 하나님이 하신 일들을 나눌 때 하나님의 약속을 신뢰할 수 있다.

예를 들면 "친히 나무에 달려 그 몸으로 우리 죄를 담당하셨으니 이는 우리로 죄에 대하여 죽고 의에 대하여 살게 하려 하심이라 그가 채찍에 맞음으로 너희는 나음을 얻었나니"(벧전 2:24)라는 말씀이 있다면 어떻게 이 말씀을 신뢰할 수 있을까?

믿음으로 나음을 입은 믿음의 조상들의 행적이나 다른 사람의 간증을 들음으로 말씀을 신뢰하게 되고, 말씀을 신뢰함으로 보이지 않던 약속의 말씀을 이해하고 체험하게 된다. 예수님을 신뢰하는 선택은 우리의 삶을 가치 있고 능력 있게 하는 큰 도전이기도 하다.

하나님의 약속의 말씀을 신뢰하면 확실하게 이루어진다. 약속이 이루어지기 위해서는 말씀을 신뢰해야 한다. 땅에서 무엇이든지 매면 하늘에서 매이게 되기 때문이다(마 16:19 참조). 이는 우리가 그리스도를 신뢰할 때 하나님이 우리의 신뢰를 저버리지 않는다는 뜻이다.

사탄은 하나님의 약속이 이 땅에서 이루어지지 못하도록 막기 위하여 세상적 문화나 사회를 통하여 하나님을 거부하는 사상을 슬며시 주입한다. 하나님을 알아야 신뢰할 수 있기 때문에 하나님을 알아가는 시간을 지체시키거나 하나님을 알지 못하도록 한다.

따라서 우리는 하나님께서 주신 계시의 말씀을 통하여 하나님을 알 수 있다. 말씀을 통해 보이지 않던 하나님을 보고 약속의 말씀을 신뢰하게 된다. 이것은 이성으로 되는 것이 아니라 말씀이 계시적 지식이 되어 머리에서 가슴으로 경험되어 내려갈 때 신뢰할 힘이 생기고 자기 포기를 할 수 있게 된다.

2) 의심

> 오직 믿음으로 구하고 조금도 의심하지 말라 의심하는 자는 마치 바람에 밀려 요동하는 바다 물결 같으니 이런 사람은 무엇이든지 주께 얻기를 생각하지 말라(약 1: 6-7).

말씀을 신뢰하려 할 때 세상이 주는 사상과 생각이 섞이거나 근심과 염려가 있거나 사탄이 거짓된 생각을 넣어주면 하나님에 대한 의심이 생긴다.

예수님은 전해진 말씀이 열매를 맺지 못하는 이유를 여러 가지 형태의 밭에 떨어진 씨앗으로 비유하여 예수님은 설명하셨다(마 13:1-23 참조). 더러는 길가에, 더러는 얕은 돌밭에, 더러는 가시떨기에, 더러는 좋은 땅에 씨가 뿌려졌다. 길가에 떨어진 씨가 열매를 맺지 못하는 이유는 악한 자가 뿌려진 씨앗을 가져갔기 때문이고, 돌밭에 뿌린 씨가 열매를 맺지 못한 이유는 고난과 고통을 견디지 못했기 때문이었다. 가시떨기에 떨어진 씨앗이 열매를 맺지 못하는 이유는 세상의 염려와 재물의 유혹으로 열매를 맺지 못했다.

여기서 밭은 마음을 의미하는데, 사탄이 마음을 좌지우지하여 고통이나 고난을 견디기 어렵게 하거나 세상의 염려와 재물의 유혹으로 생기는 의심이 말씀의 열매를 맺지 못하게 한다는 것을 설명하고 있다.

어떻게 의심하게 될까?

첫째, 사탄은 질문을 통하여 하나님의 말씀을 의심하도록 접근한다.
사탄은 생각이나 감정 혹은 오감을 통하여 의심의 씨를 뿌려 말씀에 대적하게 한다. 하나님께서는 아담과 하와에게 에덴동산에 있는 각종 나무의 열매는 임의로 먹되 선악을 알게 하는 나무의 열매를 먹지 말라고 하시고 그 열매를 먹는 날에는 반드시 죽는다고 하셨다(창 3:2; 3:16-17 참조).

그러나 하와가 아담을 떠나 선악을 알게 하는 나무 열매를 보고 있을 때 뱀은 하와에게 "하나님이 참으로 너희에게 동산 모든 나무의 열매를 먹지 말라 하셨느냐?"라고 묻는다(창 3:1 참조). 하나님의 말씀을 부정적으로 바꾸어 하와가 하나님의 말씀에 대하여 불만을 품게 의도적인 질문을 던진 것이다. 뱀의 계략대로 하와는 "동산 나무의 열매를 우리가 먹을 수 있으나 동산 중앙에 있는 나무의 열매는 하나님의 말씀에 너희는 먹지도 말고 만지지도 말라 너희가 죽을까 한다"라고 대답했다(창 3:2-3 참조).

말씀에 불만을 품은 하와는 하나님이 하지 않은 말씀인 "너희는 먹지도 만지지도 말라"를 추가했고 "반드시 죽는다"는 말씀을 "죽을 수도 있다"라는 말로 바꾸었다. 이때 뱀은 하와에게 "너희가 결단코 죽지 아니하리라"(창 3:4 참조)라는 하나님의 말씀과 정면으로 반대되는 말을 함과 동시에 "너희가 그것을 먹는 날에는 너희 눈이 밝아져 하나님과 같이 되어 선악을 알 줄 하나님이 아심이니라"(창 3: 5 참조)라고 하나님의 권위를 무시하는 말을 함으로 하와는 하나님의 말씀을 의심하는 선택을 하게 된다.

결국 선악을 알게 하는 나무를 보자 하와는 그 열매가 먹음직도 하고 보암직도 하며 지혜롭게 할 만큼 탐스럽기도 하다고 생각이 발전했고, 그 열매를 따먹고 아담에게도 주어 먹게 했다(창 3:5-6 참조).

선악을 알게 하는 열매를 먹은 결과 뱀의 말대로 눈이 밝아져 자신이 벗고 있음을 알게 되었고 무화과 나무 잎으로 몸을 가렸다(창 3:7 참조). 하나님께서 말씀하신 선악을 알게 된다라는 뜻은 선악을 온전히 분별한다는 뜻이지만 사람이 선악을 안다는 뜻은 선도 경험하게 되지만 결국 경험하지 않아도 될 악도 경험하게 되어 분별이 어려워진다는 뜻이다. 하나님은 선악을 분별할 수 있지만 사람은 선악을 분별할 수 없다. 선악의 잣대로 판단하면 할수록 사탄을 닮아간다. 즉, 하나님의 말씀을 의심하여 잘못된 선택을 하여 선악을 알게 하는 나무의 열매를 먹는 순간 하나님과 친밀히 교제하는 자유로운 인간에서 사탄의 사슬에 묶인 사망의 종이 되어 낙원을 잃었다.

둘째, 고난 속에 있으면 의심하게 된다.

고난이나 고통을 통해 하나님이 우리에게 원하시는 것은 믿음과 소망을 마음에 심어주시려는 것이다. 성경은 고난이나 환난을 받을 것이지만 두려워하지 말고 견뎌야 생명의 면류관을 받는다고 한다(계 2:10 참조). 믿음의 시련은 인내를 만들고 인내는 온전함을 이룬다. 시련을 견디고 이겨야 온전하게 된다(약 1:2-4 참조). 그러나 고난 속에서 '나에게 왜 이런 고통을 주시느냐'고 불평을 하게 되면 하나님의 선하심과 전능하심에 대하여 의심하게 된다.

하나님의 전능성에 대한 의심이 생기고 선하신 하나님이 고통을 주어 그의 백성을 괴롭힌다고 잘못 생각하기 때문에 하나님의 선하심에 대하여 의심한다. 그러나 하나님은 감당할 시험만 주시며 감당하지 못할 시험을 당하게 될 때는 피할 길을 주신다(고전 10:13)는 말씀을 붙잡아야 고난 속에서 생길 수 있는 의심에 대적할 수 있다.

셋째, 세상 염려에 빠지거나 재물의 유혹에 눈을 돌려 하나님을 바라보지 못하면 의심하게 된다.

인간에게 있어서 의심은 자연스러운 일이다. 때로 의심은 자신을 위험으로부터 보호하는 도구가 되기도 한다. 논리적인 흐름에 맞지 않으면 의심하게 되고 지각으로 경험하기 전까지는 믿지 못하게 된다. 또한 인간의 이성은 자연스럽게 인식 과정을 통하여 검증되기 전까지 새로운 사실에 대하여 합리적 의심을 하게 된다.

아래 그림 1을 보게 되면 어디를 강조해서 보는지에 따라 젊은 여인이 되기도 하고 늙은 여인이 되기도 한다. 이 그림은 영국의 만화가 W. E. 힐(W. E. Hill)이 1915년에 한 유머 잡지에 실었는데 19세기부터 인기가 있었던 유명한 인물 그림 엽서에 있던 개념을 빌려온 것이다. 1988년 독일에서 발행한 작자 미상의 그림엽서에서 이 그림이 최초로 묘사된 것으로 알려졌다(Griggs, 2012).

그림 1에서 젊은 여인과 늙은 여인 중 어떤 여인이 보이는가?

젊은 여인 혹은 늙은 여인을 보기 전에 젊은 여인 혹은 늙은 여인이 보일 수 있다는 사실을 의심했다면 의심한 이유는 무엇이며, 의심하지 않았다면 의심하지 않은 이유가 무엇인지 생각해보자.

그림 1

사람들에게 위의 그림을 보여주며 어떤 여인이 보이느냐고 물어보면 젊은 여인 혹은 늙은 여인을 보았다고 한다. 젊은 여인을 본 사람에게 늙은 여인을 찾아보라고 하고 늙은 여인을 본 사람에게 젊은 여인을 찾아보라고 하면 시간을 두고 찾을 수 있게 된다. 시간이 흘러도 찾지 못한 사람이 있지만 보이지 않던 여인이 보일 때까지 기다리면 결국 찾게 된다.

넷째, 부정적인 감정으로 의심이 생긴다.

외롭다고 느낄 때 하나님의 존재에 대한 의심이 든다. 하나님은 과연 나를 보호하는지를 의심하게 된다. 그리스도 안에 있다고 생각을 하지만 자신의 기대대로 되지 않기 때문에 의심이 생긴다. 세례 요한은 감옥에서 그리스도께서 하신 일을 듣고 제자들을 보내어 예수님에게 물어본다.

오실 그분이 과연 당신입니까? 아니면 다른 분을 기다려야 합니까?
(마 11:3 참조)

예수님은 그의 제자들에게 "너희가 가서 듣고 보는 것을 요한에게 알리되 맹인이 보며 못 걷는 사람이 걸으며 나병 환자가 깨끗함을 받으며 못 듣는 자가 들으며 죽은 자가 살아나며 가난한 자에게 복음이 전파된다"고 세례 요한에게 알려주라고 말씀하셨다(마 11: 4-5 참조).

예수님이 이스라엘을 구원하실 왕으로 믿었으나 그의 방법대로 이스라엘을 구원하지 않았고 또한 그의 기대대로 이스라엘의 왕이 되지 않았기 때문에 부정적인 감정을 갖게 되어 세례 요한은 예수님이 과연 그리스도인지에 대한 의심을 하게 되었다. 그러나 예수님은 의심하지 않는 자가 복이 있다고 한다(마 11:6 참조).

다섯째, 거짓에 넘어가기 때문에 의심하게 된다.

예수님은 세상의 끝이 가까워지면 가까워질수록 거짓 선지자가 많이 일어나 많은 사람을 미혹할 것이라고 하셨다(마 24:11 참조). 또한 사탄을 거짓의 아비라고 하셨다.

> 너희는 너희 아비 사탄에서 났으니 너희 아비의 욕심대로 너희도 행하고자 하느니라 그는 처음부터 살인한 자요 진리가 그 속에 없으므로 진리에 서지 못하고 거짓을 말할 때마다 제 것으로 말하나니 이는 그가 거짓말쟁이요 거짓의 아비가 되었음이라(요 8:44).

사탄이 사용하는 거짓은 무엇일까?

보고 듣는 것을 세상을 판단하는 기준으로 삼게 하고, 하나님을 대적하는 생각을 이성이나 과학이라는 그럴듯한 도구로 속인다. 따라서 과학적으로 증명되지 않는 사건을 중심으로 마치 사실이 아닌 것처럼 말씀을 의심하게 만든다. 예를 들면 40일 홍수 사건, 예수님이 동정녀에게서 태어나신 일, 죽은 예수님의 부활, 홍해가 갈라진 일 등은 과학적으로 증명할 수 없다고 생각하는 일이기 때문에 의심한다.

하나님을 신뢰하려면 자기를 포기하여 자기 대신 예수님을 의지해야 한다. 예수님을 신뢰하지 못하게 하는 의심을 버려야 예수님을 신뢰하게 된다. 말씀을 의심하게 하는 질문에 넘어가지 않고 고난, 염려, 유혹, 부정적인 감정과 사탄의 거짓된 생각에 대적해야 예수님을 신뢰하게 된다.

> **선택 질문**
> ① 하나님을 신뢰하기 위하여 무엇을 선택해야 할까?
> ② 어떤 선택을 해야 하나님을 경험할 수 있을까?
> ③ 의심을 선택하게 되는 이유는 무엇일까?

2. 소망 vs 절망

내가 문이니 누구든지 나로 말미암아 들어가면 구원을 받고 또는 들어가며 나오며 꼴을 얻으리라. 도둑이 오는 것은 도둑질하고 죽이고 멸망시키려는 것뿐이요 내가 온 것은 양으로 생명을 얻게 하고 더 풍성히 얻게 하려는 것이라(요 10:9-10).

우리는 "살아 있는 한 소망이 있다"고 말하지만 사실은 "소망이 있을 때 살아갈 수 있다." 그러나 소망을 갖지 못하면 계속된 좌절로 인하여 절망하고 극단적 선택으로 스스로 목숨을 버리기도 한다. 소망을 붙잡지 못하면 생명이 없는 것처럼 살아가게 되고 그렇게 되면 육신이 사망의 종 노릇을 하게 된다.

육신이 생명에 따라 움직이지 못하고 사망에 따라 움직이면 사탄은 마음껏 그리스도인을 통제하게 되고, 그리스도인은 누려야 할 축복을 누리지 못하게 된다. 사탄이 그리스도인이 가져야 할 것을 도둑질하고 멸망시켜 그리스도인의 생명까지 빼앗으려고 하기 때문이다. 우리가 소망을 의지적으로 붙들고 있어야 그리스도 안에서 생명을 얻고 그리스도가 주는 풍성함을 누리게 된다.

1) 소망

> 소망의 하나님이 모든 기쁨과 평강을 믿음 안에서 너희에게 충만하게 하사 성령의 능력으로 소망이 넘치게 하시기를 원하노라 (롬 15:13).

믿음으로 말미암아 하나님의 마음에 합한 자가 되면 하나님의 모든 약속이 이루어지기를 열망하며 기다리게 되는데 이것을 소망이라고 한다. 소망은 인간의 욕망을 이루기를 원하는 것이 아니라 하나님의 약속이 이루어지기를 원하는 것이다. 예수님이 십자가에서 부활하심을 믿음으로 부활에 대한 확신과 신뢰가 있어야 소망을 붙들 수 있다.

예수님이 오시기 전에 소망이 비밀로 감추어졌던 이유는 무엇일까? (골 1:26 참조).

그리스도가 우리 안에 거해야 소망이 무엇인지를 알 수 있기 때문이다.

그리스도 안에 거함을 선택하여 갖게 되는 소망은 무엇일까?

첫째, 소망은 영광스럽게 된다는 약속과 그리스도를 온전히 닮게 된다는 약속이 이루어지는 간절한 열망이다.

하지만 온전히 소망을 이루기 위하여 기다려야 하는 부분이 있다.

> 우리가 소망으로 구원을 얻었으매 보이는 소망이 소망이 아니니 보이는 것을 누가 바라리요 만일 우리가 보지 못하는 것을 바라면 참음으로 기다릴지니라 (롬 8:24-25).

소망은 우리가 영광스럽게 된다는 약속이다. 영광스럽게 된다는 약속은 현재 이루어질 부분과 미래에 이루어질 부분이 포함되어 있다. 현재 이루어지는 약속은 속사람이 강건하게 된다는 약속인데 성령의 능력으로 속사람이 강건해지면 우리가 영광스럽게 된다(엡 3:16 참조). 하나님 아버지께 영광을 받은 예수님은 십자가에서 죽으시고 부활하심으로 그 영광을 나타냈고, 예수님의 영광은 그를 믿는 자에게도 나타난다고 했다(요 17:1, 10 참조).

예수님이 나타내신 영광은 하나님의 아들됨의 영광이고 그리스도로 인하여 믿는 자에게 나타나는 영광은 하나님 자녀됨의 영광이다. 예수님이 하나님 아버지의 영광을 나타내고 있음을 의미하고 또 우리는 그리스도의 영광을 나타내고 있음을 뜻한다. 따라서 그리스도가 우리에게 주신 직분과 명령에 순종할 때 나타나는 영광이다(고후 3:7-8 참조).

> 영접하는 자 곧 그 이름을 믿는 자들에게는 하나님의 자녀가 되는 권세를 주셨으니(요 1:12).

하나님의 자녀된 존재를 인식하고 그 직분을 행해야 소망을 바라보게 된다. 자녀됨의 존재를 인식하고 이웃을 향해 사랑하라는 말씀에 순종하면 그리스도의 영광이 우리에게 드러나게 된다.

예수님이 명령한 사랑과 율법이 명한 사랑은 동기가 다른데 예수님의 사랑은 성령으로 행하는 사랑이지만 율법의 사랑은 인간의 속성으로 행하는 사랑이기 때문이다. 인간이 죄를 지어 하나님과의 친밀한 관계가 멀어짐으로 인하여 에덴동산에서 누렸던 하나님과 첫 인간의 사랑은 두려움과 수치감으로 바뀌었다.

　에덴에서의 사랑이 아담의 자연적인 속성에 기초한 사랑이었다면 예수님께서 새로 명하신 사랑은 성령이 부어주신 사랑이다. 예수님이 흘리신 보혈로 인하여 죄에서 자유롭게 됨으로 주어진 사랑은 성령의 능력으로 할 수 있는 사랑이다(롬 5:5 참조). 의지적인 선택으로 이 능력이 쓰여지기도 그렇지 못하기도 하다.

　하나님 자녀됨의 영광은 지금도 나타날 수 있는데 이를 안 사탄은 하나님 자녀의 영광이 이 땅에 나타나지 못하도록 막는다. 서로 미워하여 원수가 되도록 환경을 조성하고, 육신의 죄성을 이용하여 옳고 그름을 판단하게 하고, 정의의 이름으로 쉽게 비판하며 거짓말을 사용하여 육신의 욕망을 자극한다. 이러한 사탄의 전략을 너무 잘 아는 예수님께서는 비판하지 말고 원수까지도 사랑하라 하신다.

> 비판하지 말라 그리하면 너희가 비판을 받지 않을 것이요 정죄하지 말라 그리하면 너희가 정죄를 받지 않을 것이요 용서하라 그리하면 너희가 용서를 받을 것이요(눅 6:37).

성령으로 서로 사랑하고 용납하면 하나님의 자녀됨의 영광이 나타난다. 또한 이렇게 말씀하신다.

> 오직 너희는 원수를 사랑하고 선대하며 아무것도 바라지 말고 꾸어 주라 그리하면 너희 상이 클 것이요 또 지극히 높으신 이의 아들이 되리니 그는 은혜를 모르는 자와 악한 자에게도 인자하시니라(눅 6:35).

사랑으로 선을 행하면 하나님의 보호를 받아 하나님 자녀의 지위를 유지할 수 있다(벧전 3:8-9 참조). 또한 미래에는 하나님 자녀됨의 영광이 온전하게 나타나는데 하나님 자녀의 권리와 권세를 하나님 나라에서 영원히 누리게 될 것이다.

둘째, 소망이란 그리스도를 온전히 닮게 된다는 약속을 기다림이다.

그리스도를 닮아감의 약속에는 현재에 이루어지는 것과 미래에 이루어질 것을 포함한다. 현재에 그리스도를 닮는다는 약속은 그리스도와 닮은 모습으로의 회복을 말하고, 미래에 그리스도를 닮는다는 약속은 그리스도를 닮은 온전한 모습이 나타날 것이라는 소망을 말한다. 그리스도와 닮은 모습으로 회복되면 하나님 나라의 의와 통치가 이 땅에서 이루어져 구하는 것뿐만 아니라 그 이상의 것을 얻으면서 살게 된다. 또한 예수를 믿지 않는 사람도 그로 인하여 많은 혜택을 보게 된다.

모든 나라 가운데서 이르기를 여호와께서 다스리시니 세계가 굳게 서고 흔들리지 않으리라 그가 만민을 공평하게 심판하시리라 할지로다(시 96:10).

하나님 나라의 의는 사랑에 기초한 것이므로 세상적인 방법으로 이루어지지 않고 그리스도를 닮아가는 모습으로 회복될 때 이루어진다.

그런즉 너희는 먼저 그의 나라와 그의 의를 구하라 그리하면 이 모든 것을 너희에게 더하시리라(마 6:33).

우리가 그리스도를 닮아가는 모습으로 회복될 때 세상은 소망을 바라볼 수 있다. 또한 미래의 소망은 온전하게 그리스도를 닮아서 그리스도가 가진 성품, 인격과 영성을 모든 사람이 나타내면서 살게 된다는 것이다.

> 이리와 어린 양이 함께 먹을 것이며 사자가 소처럼 짚을 먹을 것이며 뱀은 흙을 양식으로 삼을 것이니 나의 성산에는 해함도 없겠고 상함도 없으리라 여호와께서 말씀하시니라(사 65:25).

그렇다면 어떻게 소망을 붙들게 될까?
첫째, 믿음에 대한 확신이 있어야 소망을 붙들게 된다.
믿음의 확신이 있으려면 악한 자가 쏘는 불화살을 막아야 한다(엡 6:16 참조). 여기서 믿음의 확신이란 다음과 같다.

① 예수님이 우리의 죗값을 치루심으로 우리가 사탄으로부터 자유롭게 되었다는 믿음의 확신이다(요일 3:8 참조). 죄책감이나 낮은 자존감 등과 같은 부정적인 감정이 소망을 덮으려 할 때 더 이상 사탄의 종이 아니라고 선포해야 부정적인 감정으로부터 자유로워져 소망을 갖게 된다.
② 하나님의 보호하심에 대한 믿음의 확신이다(벧전 1:5 참조). 과거에도 보호하셨고, 현재에도 보호하시고 계시며, 미래에도 보호하실 것이라는 약속에 대한 분명한 확신이 있어야 한다.

> 우리가 소망으로 구원을 얻었으매 보이는 소망이 소망이 아니니 보이는 것을 누가 바라리요(롬 8:24).

보호에 대한 확신이 있으면 어떠한 어려운 여건에 놓여 있어도 소망이 있다. 믿음의 선진들은 소망을 품고 모든 어려움을 뛰어넘었기에 하나님께서 이루어 주실 일에 대한 기대를 할 수 있었다.

둘째, 하나님 자녀라는 믿음의 확신이 있어야 소망을 붙들게 된다.

하나님 자녀라는 소망을 가진 자마다 예수님의 깨끗하심과 같이 그를 깨끗게 한다고 약속하셨다(요일 3:3 참조). 하나님 자녀라는 약속에 대한 확신이 있으면 모든 죄에서 깨끗해질 수 있고 자유로워지기 때문에 사탄이 더 이상 우리를 고소하지 못하게 된다(계 12:10 참조).

소망이 사라지는 이유는 사탄이 고소하기 때문이다. 사탄이 고소하면 죄책감이나 부정적인 생각을 가지게 되어서 하나님의 소망에 대하여 희미해진다. 사탄이 그리스도인을 고소할 수 있는 이유는 영에 대한 고소는 더 이상 할 수 없으나 육신에 대한 고소를 아직 할 수 있기 때문이다.

육신의 죄성이 고소의 근거가 된다. 그러나 매일 자신을 돌아보고 돌이켜 발을 씻으면 사탄은 더 이상 고소할 명분을 찾지 못하기 때문에 하나님의 자녀됨에 대한 소망이 더 명확해진다. 예수님께서도 "이미 목욕한 자는 발밖에 씻을 필요가 없다"(요 13:10 참조)고 말씀하셨다. 따라서 사탄의 고소를 받지 않기 위하여 온 몸을 씻을 필요는 없지만 발을 씻을 필요는 있다.

발을 씻는다는 뜻은 그리스도의 보혈로 인하여 죄가 용서되었다 하더라도 육신의 죄성으로 지을 수 있는 죄를 매일 돌아보고 그리스도 보혈에 의지하여 죄에서 깨끗해진다는 의미이다. 육신의 죄를 씻으면 사탄의 고소에서 자유롭게 되어 그리스도 안에 있는 소망을 붙들 수 있게 된다. 소망은 죄에 대해 깨끗해져야 비로소 명확해지며 그래서 끝까지 기쁨을 붙들 수 있기 때문이다.

셋째, 날마다 말씀에 자기를 비추어보아야 소망을 붙들게 된다.

성찬을 예로 들면 "사람이 자기를 살피고 그 후에야 그 떡을 먹고 이 잔을 마실지니"(고후 11: 28). 말씀에 비추어 자기를 살펴보아야 그리스도의 피와 살을 나누는 성찬에 참여할 수 있다. 성찬에 참여하는 이유는 떡과 포도주를 나눔으로 그리스도의 몸을 영적으로 소유하게 되기 때문이다(Berkohof, 2000). 따라서 말씀에 따라 자신을 돌아보고 살펴야 그리스도의 몸을 나누는 성찬에 참여할 수 있다.

하나님을 신뢰하기 위하여 다윗도 말씀에 비추어 자신을 돌아보았다.

> 내가 나의 완전함에 행하였사오며 흔들리지 아니하고 여호와를 의지하였사오니 여호와여 나를 판단하소서 여호와여 나를 살피시고 시험하사 내 뜻과 내 양심을 단련하소서(시 26:1-2).

말씀으로 자신을 바라본 다윗은 하나님의 마음에 합한 자가 되었다(행 13:22 참조). 또한 바울은 자신을 돌아보면 판단을 받지 않는다고 한다.

> 우리가 우리를 살폈으면 판단을 받지 아니하려니와(고전 11:31).

매일 자신을 돌아보아 판단하면 판단을 받지 않게 되는데 여기에는 사탄의 판단도 포함된다.

넷째, 징계를 통하여 소망을 붙들게 된다.

너희가 참음은 징계를 받기 위함이라 하나님이 아들과 같이 너희를 대우하시나니 어찌 아버지가 징계하지 않는 아들이 있으리요(히 12:7).

하나님의 징계는 우리를 하나님께 더 가까이 가게 하는 길이며 우리가 하나님의 자녀임을 확신하게 하여 소망을 갖게 한다. 이렇게 소망을 붙들어야 하는 이유는 고난을 당할 때 그리스도 안에 머물게 하는 영혼의 닻이 되고 고난을 인내하고 통과하여 생명의 면류관을 얻게 하는 능력이 소망이기 때문이다.

소망은 눈으로 보거나 귀로 들음으로 붙들 수 있는 것이 아니라, 보이지 않는 하나님의 약속을 믿음으로 넉넉히 붙들 수 있다. 세상이 주는 지식이 아니라 하나님의 약속을 신뢰해야 붙들 수 있다. 소망을 붙잡을 수 있는 이유는 하나님께서 우리를 어제나 오늘이나 동일하게 돌보신다는 확신과 변함없이 약속을 지키신다는 증거가 마음에 있기 때문이다.

2) 절망

믿음의 주요 또 온전하게 하시는 이인 예수를 바라보자 그는 그 앞에 있는 기쁨을 위하여 십자가를 참으사 부끄러움을 개의치 아니하시더니 하나님 보좌 우편에 앉으셨느니라. 너희가 피곤하여 낙심하지 않기 위하여 죄인들이 이같이 자기에게 거역한 일을 참으신 이를 생각하라(히 12:2-3).

만약 소망을 품을 이유가 없으며 미래에 좋지 않은 일들이 일어날 것이라고 생각하면 우울해지고 자포자기하게 된다. 절망이란 소망을 버리고 단념한 상태를 말한다. 욥은 온전하고 정직하여 하나님을 경외하고 악에서 떠난 자였다. 그러나 그에게 닥친 갑작스러운 재앙으로 인해 절망하게 된다.

> 갑작스러운 재앙으로 다들 죽게 되었을 때에도 죄 없는 자마저 재앙을 받는 것을 보시고 비웃으실 것이다(욥 9:23, 표준새번역).

재앙이나 계속되는 좌절로 인하여 더 이상 소망을 붙들지 못하고 절망하게 된다. 빅터 프랭크는 절망을 의미 없는 고통이라고 정의한다. 그는 아우슈비츠 강제 수용소에서 겪은 경험을 바탕으로 쓴 『죽음의 수용소에서』라는 책에서 그가 겪었던 특이한 경험을 서술했다. 아우슈비츠 수용소에서 1944년 성탄절 이후부터 새해까지 수감자의 사망률이 급격하게 증가했는데 그 이유가 '절망'이라고 말한다.

그 당시에 특별히 가혹한 노동 조건이 있었거나, 식량 사정이 악화되었거나, 급격한 기후의 변화로 인하여 생존하기 어려웠거나, 새로운 전염병 같은 특별히 사망률이 높아질 요인은 전혀 없었다. 단지 그들은 성탄절에는 수용소에서 풀려나 고향 집에 돌아갈 수 있으리라고 기대했으나 현실적으로 그렇게 되지 않았고 막연하게 희망을 가지고 있었다가 그 희망이 상실되자 많은 이가 사망했다.

하지만 책의 저자를 비롯하여 수용소에서 생존할 수 있었던 사람의 공통점을 살펴보았더니 '아내를 보고 싶다, 따뜻한 물로 목욕하고 싶다, 글을 쓰고 싶다' 등 삶에 대한 자그만 희망의 끈을 놓지 않았다. 그 사람들은 그 작은 희망 때문에 다른 사람과 달리 생존할 수 있었던 것으로 밝

혀졌다.

그는 아우슈비츠 수용소의 경험으로 '로고테라피'(Logotherapy, 삶의 의미를 찾으면 정신적 고통을 치료할 수 있다는 심리 치료법)를 만들어서 정신적인 고통을 가진 사람들에게 삶의 의미를 찾게 하여 정신적인 문제를 해결할 수 있도록 도왔다. 그는 삶의 의미를 찾는 세 가지 방법을 제시했다.

첫째, 창조적인 일 혹은 어떤 일에 집중하는 것이다.

둘째, 자연이나 문화 혹은 다른 사람을 만나서 새로운 경험을 하는 것이다.

셋째, 고통이나 시련을 긍정적으로 받아들이는 것이다.

그렇게 해야 절망에서 벗어날 수 있다고 했다.

삶의 의미를 찾지 못하면 좌절하고 절망하게 된다. 삶의 의미를 찾지 못하여 나타나는 좌절의 특징은 다음과 같다.

첫째, 의미를 찾으려는 노력이 번번이 좌절된다.

둘째, 좌절 자체는 정신적인 질환이 아니며 삶에서 흔히 나타날 수 있는 고민이다. 그러나 자신만의 의미를 찾지 못하여 방황하는 사람은 다른 사람이 하는 일을 따라 하거나 다른 사람의 기대를 충족시키려고 하기 때문에 좌절한다.

셋째, 사는 것을 지루해하며 견딜 수 없어 종종 자유로운 시간이 많이 주어질 때는 더 우울해진다. 그들은 중독에 빠지거나 폭력적이 되기도 하고 권력이나 돈을 탐하거나 성적인 자극을 추구하기도 한다.

넷째, 의지가 좌절된 상황을 경험한 사람은 반대로 성실한 사람이라는 뜻이다. 왜냐하면 목적을 가지고 성실히 삶에 임하는 사람이 좌절을 경험하기 때문이다. 성실한 사람이 열심히 노력을 했음에도 불구하고 일을 성

취하지 못하면 좌절하게 되고 한번 좌절되면 다시 하려는 의지를 되찾기란 쉽지 않다.

다섯째, 좌절은 정신적인 병이 될 수도 있는데, 가치 갈등, 양심의 갈등, 혹은 최고의 가치인 삶의 궁극적인 의미를 탐색하는 것이 의미가 없게 되면 정신병으로까지 발전되기도 한다.

에릭슨은 '인생주기이론'(Life cycle theory)에서 절망감은 노년에 나타나는 특징 중에 하나지만, 이러한 절망은 어린 시절이나 청소년 시절에 극복해야 할 장애물을 극복하지 못하고 남겨 두었을 때 생겨나는 현상이라고 정의한다. 즉, '잃어버린 시간,' '상실된 시간'에 대한 후회감이기도 하고, 지나간 삶에 대한 후회나 실망이기도 하다. 낭비하고 헛되게 보낸 삶, 잘못 인도된 삶, 그래서 직업이나 배우자를 잘못 선택하여 인생이 바라던 바와 다른 곳으로 흘러가거나 인생의 목표나 가치를 잘못 계산하여 선택한 것에 대한 깊은 후회 등이 노년기 절망의 증상이다.

육신의 욕심을 선택하고 자신의 힘으로 그 욕심을 이루려고 하면 절망하게 된다. 인간은 유한한 존재이고 언제든지 실패할 수 있기 때문이다. 또한 욕심에 따라 생각하고 판단하여 행동하면 자기 중심적인 삶을 살게 되는데 그 결과는 멸망이기 때문에 절망한다.

> 이 세상에 있는 모든 것이 육신의 정욕과 안목의 정욕과 이생의 자랑이니 다 아버지께로부터 온 것이 아니요 세상으로부터 온 것이라(요일 2:16).

욕심에 따라 사는 그리스도인은 사탄으로부터 도둑질을 당하고, 죽임을 당하고, 멸망을 당하여 절망하게 된다(요 10:10 참조).

욕심에 따라 살면 삶이 공허하다고 느끼고 절망하게 된다. 동물은 본능에 따라 행동하여 안전을 지키려 하지만 인간은 삶의 의미를 찾아야 안정감을 느끼게 된다. 삶의 의미를 찾지 못한 사람은 계속된 불안으로 절망하게 된다. 권력을 추구하고, 돈을 따르고, 쾌락을 즐기면서 삶의 의미를 찾으려 하지만 쾌락은 채우면 채울수록 더 공허함을 느끼게 된다. 공허함을 채우기 위하여 더 큰 권력, 더 많은 돈과 명예로 채우려 하지만 공허함은 더 커지고 결국은 좌절하여 절망하게 된다.

어떻게 절망에서 일어설 수 있을까?

하나님의 약속에 대한 소망을 붙들어야 절망에서 일어서게 된다. 어떤 과부 집사가 아들을 명문 대학에 보내게 되었다. 학비나 기숙사에 드는 비용을 열심히 일하여 아들에게 보내 주었다. 그러던 중 다른 집사의 아들이 과부 집사의 아들이 다니는 학교에 가게 되었는데, 다른 집사는 학비를 보내 줄 능력이 없었기 때문에 학비와 기숙사비를 하나님께서 해결해 달라는 기도를 그 과부 집사와 함께하게 되었다.

자신의 노력으로 학비와 기숙사를 보냈던 집사는 함께 기도하면서 하나님께 학비와 기숙사에 대해 한번도 의지하지 않았던 자신을 깨닫게 되었다. 그리고 그가 하나님께 그 비용을 의지했다면 학비나 기숙사비를 자녀에게 보내지 못하여 절망했던 시간은 없었으리라는 것을 함께 기도하면서 깨닫게 되었다.

소망을 가지고 기도하는 것이 절망을 피하는 길이 된다.

선택 질문
① 소망이 없으면 어떻게 될까?
② 절망을 선택하게 되는 이유가 무엇일까?
③ 소망을 선택하게 되는 이유는 무엇일까?

3. 기쁨 vs 쾌락

우리가 사방으로 우겨쌈을 당하여도 싸이지 아니하며 답답한 일을 당하여도 낙심하지 아니하며 핍박을 받아도 버린 바 되지 아니하며 거꾸러뜨림을 당하여도 망하지 아니하고 우리가 항상 예수의 죽음을 몸에 짊어짐은 예수의 생명이 또한 우리 몸에 나타나게 하려 함이라(고후 4:8-10).

그리스도를 믿으면 영이 거듭나서 생명을 얻게 되지만 아직 육신의 몸은 그렇지 못하다. 우리에게 믿음의 시련과 고난을 주신 이유는 믿음을 시험하여 육신에까지 그리스도의 생명이 나타나게 하려 함이다. 세상에서 유혹이나 시험이 와도 말씀과 성령이 인도하는 길을 선택하면 기쁨이 넘치지만 육신의 욕망에 이끌려 말씀과 성령이 인도하는 길을 택하지 않으면 기쁨이 아닌 쾌락을 느끼며 중독이라는 더 깊은 어두움으로 빠지게 된다.

그리스도를 신뢰하고 그리스도의 약속이 이루어짐을 열망하여 그리스도 안에 있는 기쁨이 육신의 쾌락보다 클 때 자기 포기를 선택하게 된다. 그리스도 안에 있으면 하나님이 원하는 것을 택하면서 살게 되고 영원한 기쁨을 누리지만 자기 포기를 하지 않고 쾌락을 좇으면 거듭난 영이 빛 가운데 있더라도 육신은 어둠 속에 있게 된다.

> 우리가 항상 예수의 죽음을 몸에 짊어짐은 예수의 생명이 또한 우리 몸에 나타나게 하려 함이라 (고후 4:10).

육신의 쾌락을 선택하지 않고 그리스도가 주는 영원한 생명을 선택하면 자기 포기가 된다. 예수의 생명이 나타나는 기쁨을 선택한 것이다.

1) 기쁨

> 능히 너희를 보호하사 거침이 없게 하시고 너희로 그 영광 앞에 흠이 없이 기쁨으로 서게 하실 이 곧 우리 구주 홀로 하나이신 하나님께 우리 주 예수 그리스도로 말미암아 영광과 위엄과 권력과 권세가 영원 전부터 이제와 영원토록 있을지어다 아멘 (유 1:24-25).

자기 포기가 되었다는 가장 확실한 증거는 마음에 기쁨이 넘치는 것이다. 말씀과 성령의 인도에 따라 삶을 살고 있다는 증거가 기쁨이다. 그러나 말씀과 성령에 따른 선택 없이 인생의 주인이 자기가 될 때 쾌락을 좇게 된다. 기쁨과 쾌락은 육신에 나타나는 즐겁다는 감정이지만 반드시 구별해야 하는 감정이다.

조나단 에드워즈는 『신앙 감정론』에서 그리스도인은 참된 정서와 거짓된 정서를 구분해야 한다고 한다(Edwards, 2005). 기쁨은 참된 정서이고 쾌락은 거짓된 정서이다. 말씀과 성령의 인도하심에 따라 하나님의 방법을 선택하여 살면 참된 기쁨을 누리게 되지만 자기가 주인이 되어 삶을 선택하면서 살면 쾌락에 빠지게 된다. 쾌락에 속게 되면 자기 중심적으로 살면서 하나님이 원하는 가치에 따라 행동한다고 착각하게 된다. 또한 인생의 문제나 염려를 자신의 힘으로 해결하려고 하기 때문에 인생은 끊임없이 힘들고 고단하다.

그러나 그리스도가 주인이 되면 인생의 문제나 염려를 하나님께 맡기기 때문에 평안을 누린다. 예수님은 "내 멍에는 편하고 내 짐은 가볍다"고 하셨다(마 11:30 참조). 말씀과 성령이 인도하는 삶을 살아도 염려는 없어지지 않지만 그리스도 안에 있는 기쁨이 염려보다 크기 때문에 예수님을 따르는 길이 편하고 가벼울 수밖에 없다.

바울은 "근심하는 자 같으나 항상 기뻐하고 가난한 자 같으나 많은 사람을 부요하게 하고 아무 것도 없는 자 같으나 모든 것을 가진 자로다"(고후 6:10)라고 했다. 바울이 근심 속에서 기뻐할 수 있고, 가난하지만 많은 사람을 부요하게 할 수 있으며, 아무것도 가진 것이 없어도 모든 것을 가진 것처럼 살 수 있었던 이유는 한 손에는 진리의 말씀을 소유했고 다른 한 손에는 성령의 능력을 믿는 믿음이 있었기 때문이다.

양 손에 진리와 성령의 능력이 있으면 삶에 기쁨이 넘친다. 여기서 기쁨은 일시적인 쾌락(pleasure)이 아니라 영원한 기쁨(joy)이다. 영원한 기쁨은 쾌락으로부터 오지 않고 영적인 만족에서 온다. 예수님께서 십자가에서 죽으시기 전에 포도나무 비유로 그리스도 안에 거하는 삶을 살라고 가르치신다.

너희가 내 안에 거하고 내 말이 너희 안에 거하면 무엇이든지 원하는 대로 구하라 그리하면 이루리라…내가 이것을 너희에게 이름은 내 기쁨이 너희 안에 있어 너희 기쁨을 충만하게 하려 함이라(요 15:7, 11).

그리스도 안에 거할 때 느끼는 감정이 기쁨이고 기쁨은 성령과 말씀으로부터 오기 때문에 성령의 열매를 많이 맺게 된다. 말씀과 성령에 따라 사는 삶을 살면 육신에도 생명이 나타나기 시작한다. 생명이 나타나면 기쁨으로 소망을 붙잡을 수 있고 그 소망 안에서 생명은 더 넘치게 된다.

소망이 더디 이루어지면 그것이 마음을 상하게 하거니와 소원이 이루어지는 것이 생명나무니라(잠 13:12).

마음의 소원이 이루어지면 하나님에게 감사하여 감사의 기쁨이 넘치게 된다. 즉, 말씀과 성령에 따라 선택하면서 살아야 그리스도 안에 온전히 거하게 되고 그때에 기도하는 간구와 소원이 이루어지게 된다. 그러나 그리스도 안에 있는데 소원이 이루어지지 않고 있거나 더디 이루어진다면 소원을 이루지 못하게 하는 걸림돌을 제거해야 한다.

소원을 이루지 못하게 하는 걸림돌은 근심이다. 그리스도를 믿는다고 말하는 그리스도인은 많지만 근심이 없다고 말하는 그리스도인은 보기 드물다. 간혹 그런 그리스도인이 있다 하여도 그 동기를 살펴보면 성숙한 그리스도인으로 보이고 싶어서 포장하고 있거나 스스로 최면을 걸어 근심이 없는 사람인 것처럼 보일 뿐인 경우가 많다.

그리스도 안에 있는데 소원이 이루어지지 않는 이유는 무엇일까?

내일 일에 대한 근심이 기쁨을 누르고 있기 때문이다. 예수님은 제자들에게 "지금 너희는 근심하나 내가 다시 너희를 보리니 너희 마음이 기쁠 것이요 너희 기쁨을 빼앗을 자가 없으리라"(요 16:22)고 말씀하셨다. 예수님이 십자가에 달려 고난을 받게 되면 그의 제자들은 죽음으로 인하여 근심하게 되고 근심으로 기뻐하지 못한다고 예수님께서 말씀하셨다. 근심이 있으면 소원이 이루어지지 않는다. 왜냐하면 하나님께 근심을 맡기지 않으면 하나님이 돌보지 않기 때문이다(벧전 5:7 참조).

미국 동부의 코넬대학교 칼필레머 교수가 65세 이상의 노인에게 '인생을 살면서 가장 후회되는 일이 무엇이냐'고 물었을 때 대부분의 사람은 쓸데없이 걱정하는 일에 너무 많은 시간을 쓴 것이 지금까지 살아온 삶에서 가장 후회되는 일이라고 대답했다. 행복을 누리지 못하게 하는 걸림돌이 근심임을 알 수 있다.

기쁨이 없으면 마음에 소원이 이루어지지 않는다. 마음의 소원을 이루기 위하여 근심하지 말고 예수님을 믿으라고 한다.

    너희 마음에 근심하지 말라 하나님을 믿으니 또 나를 믿으라(요 14:1).

마음의 소원을 들어주시는 분은 하나님이시기 때문에 하나님께 소원을 말해야 한다(시 21:2 참조).

그리스도 안에 있지만 소원을 이루지 못하는 이유가 무엇일까?

아직 일어나지 않는 일들에 대하여 근심하거나 일어날 가능성이 없는 일에 마음을 빼앗겨 근심에 초점을 맞추니 예수님을 바라보지 못하게 되어 하나님이 하는 일을 믿기 어렵게 되고 기쁨을 누리지 못하게 된다. 또한 근심을 터놓고 다른 사람에게 쉽게 말할 수 없기 때문에 예수님께도 소원을 쉽게 말하지 못한다.

말하지 못한 근심은 용수철같이 억눌려 있지만 언젠가는 튀어 오르게 된다. 근심이 계속해서 쌓이게 되면 더 많이 눌려진 용수철처럼 더 많이 튀어 오르게 되어 큰 문제를 일으키며 결국 근심하는 일이 실제로 일어나서 소원을 이루지 못하게 된다.

어떻게 근심에서 자유로운 삶을 살 수 있을까?

첫째, 아직 다가오지 않은 미래에 있을지도 모르는 불확실한 일에 대한 근심을 하지 말아야 한다.

> 그러므로 내일 일을 위하여 염려하지 말라 내일 일은 내일이 염려할 것이요 한 날의 괴로움은 그 날로 족하니라(마 6:34).

근심하는 이유는 대부분 미래에 발생될 일이지만 그 일이 일어날 확률은 10%도 채 되지 않는다. 여행을 하면서 '비행기가 추락하면 어떡하지?' 근심을 한다면 비행기를 타고 있는 내내 불안할 것이다. 그러나 비행기가 추락할 확률은 자동차 교통사고가 날 확률보다 훨씬 적다.

둘째, 자신이 해결할 수 없는 일을 근심하고 있다는 사실을 깨달으면 근심에서 자유로워진다.

자신의 힘으로 근심이 해결되지 않는다는 것을 어떻게 알 수 있을까?

만약 당신이 근심하는 일이 있다면 당장 종이를 꺼내어 펜으로 근심하는 일이나 사건이 무엇인지 적어보라. 근심하고 있는 항목들 중에서 당신이 해결할 수 없는 일은 지워보자. 또한 근심하고 있는 항목 중에서 앞으로 일어날 수 있는 가능성이 있는 일은 남겨 놓지만 일어날 수 있는 가능성이 10%나 20% 되는 일은 지워라. 종이 위에 지워지지 않고 남아 있는 근심은 무엇인지 살펴보면 아마도 대부분의 항목이 지워져 있을 것이다.

셋째, 근심에 집중하지 말고 예수님께 생각을 돌려야 한다.

근심하게 되면 사탄의 거짓 프레임에 걸리게 된다. 근심하는 순간 근심의 늪에 빠져 헤어나오지 못한다. 근심 대신 예수님께 집중하게 되면 평안하게 된다. 근심을 돌리는 방법 중에 하나가 기도이다. 할 수 있다면 새벽에 기도로 오늘 생길지도 모르는 근심을 예수님께 아뢰어 근심에서 벗어나야 한다. 근심을 하나님께 말하면 하나님 안에서 근심을 바라보기 때문에 근심이 사라진다. 예를 들면 마음에 묻어두었던 이야기를 다른 사람에게 이야기하면 마음이 시원해지는 이치와 같다.

근심의 우물에서 벗어나게 되어 객관적으로 전체를 바라보면 그렇게 근심할 일이 아니었다는 것을 깨닫게 된다. 숲속에서 길을 찾을 때 숲속에 있으면 길을 찾지 못하지만 높은 나무에 올라서 숲 전체를 바라보면 길을 찾을 수 있는 이치와 같다. 근심 때문에 예수님을 바라보지 못했는데 근심에서 벗어나면 예수님을 바라볼 수 있는 여유가 생기게 된다. 환경에서 시선을 돌려 하나님을 바라보고 말씀을 붙잡게 되면 마음의 안정을 되찾아 더 이상 필요 없는 근심에서 벗어나 하나님께서 해결해 주시리라는 소망이 생겨 기쁨을 누리게 된다.

그렇다면 어떻게 예수님을 바라볼 수 있을까?

근심이 아니라 평안을 주신다는 예수님의 약속을 붙들어야 한다 (요 14:27 참조). 그리스도 안에 있는데 기쁨을 누리지 못하는 이유는 부활의 소망을 붙들지 못하기 때문이다. 십자가의 메시지만 전하는 고난 중심의 메시지를 종종 들을 수 있다.

현대사회가 너무 편안하고 풍요로워서 그럴 수도 있다고 생각되지만 예수님의 고난에 대한 메시지만 전하는 것은 긍정적인 면과 부정적인 면을 동시에 가지고 있다. 긍정적인 면은 고난을 겸손하게 받아들이고 좁은 길을 갈 힘을 얻는다는 점이고, 부정적인 면은 부활의 소망을 놓칠 수 있다는 점이다.

그러므로 예수님의 고난과 긍휼을 묵상하고 따라야 하지만 동시에 무덤에서 사신 부활의 메시지도 묵상하고 따라야 한다. 십자가의 메시지는 죄에서 생명으로 옮기는 말씀이지만 부활의 메시지가 빠져 있다면 그리스도 안에 사는 기쁨을 누리지 못하게 된다. 십자가에 대한 메시지는 죄를 묵상하게 되어 죄 때문에 고난을 받아야 한다고 생각하게 되지만 부활의 예수님을 바라보면 하나님의 자녀로서 누리는 권세와 축복을 생각하게 된다. 죽음에서 다시 사신 예수님이 주신 소망을 붙들어야 생명의 기쁨을 누릴 수 있다. 근심에서 벗어나는 중요한 선택은 관점의 변화이다.

넷째, 하나님의 나라와 의가 이 땅에 이루어지도록 기도해야 근심에서 벗어난다.

그런즉 너희는 먼저 그의 나라와 그의 의를 구하라 그리하면 이 모든 것을 너희에게 더하시리라(마 6:33).

처음에 이 말씀의 뜻을 이해하기 어려웠다. 왜냐하면 하나님의 나라와 의는 미래에 이루어지는 것이지 현재에 이루어지는 것이 아니라고 생각했기 때문이다. 그러나 조지 래드는 이것을 "이미 그러나 아직"(Already not yet)이라고 표현하고 있다(Ladd, 1959). 하나님 나라는 올 세대에 속하여 있지만 이 세대에도 중복되어 있다.

그러므로 올 세대의 능력을 지금 맛볼 수 있으며, 몸은 이 세대에 있지만 이 세대와 동화되지 않고 사는 것이 가능하다. 이것이 가능한 이유는 바로 하나님 능력 때문이다. 하나님 나라는 미래에 존재하지만 하나님 능력이 미래에서 현재로 확장되었듯이, 하나님 나라도 미래에서 현재로 침투하여 스며든다(Ladd, 1959).

만약 지금 살고 있는 정치, 경제, 사회의 전반에 하나님 나라와 그 의가 조금씩 이루어지고 있다면 사랑에 기초한 공의가 이 땅에 실천되는 것이다. 과거에 하나님 나라와 의가 미국에 임했을 때 미국은 그리스도인뿐만 아니라 그리스도인이 아닌 사람에게도 살기 좋은 나라가 되었고 가장 살고 싶은 나라로 선택되었다.

그러나 청교도 신앙이 식어져서 하나님 나라와 그의 의가 미국에서 점점 사라져 갔을 때 미국은 점점 살기 어려워졌다. 이와 같이 하나님 나라와 의가 지금 이 땅에 임한다면 그리스도인은 원하는 소원에 더하여 더 많은 것을 넉넉히 이루게 되어 모든 면에서 더 큰 기쁨을 누리면서 살게 될 것이다.

자기 중심적으로 살지 않고 하나님 중심적으로 살면 그리스도 안에 거할 때 나타나는 생명으로 기쁨을 누릴 수 있다. 그러나 기쁨을 누릴 때 구별해야 할 것이 있는데, 그것이 말씀과 성령으로 인한 기쁨인지, 아니면 욕구를 채웠기 때문에 나타나는 쾌락인시를 구별해야 한다. 대부분 성령과 말씀을 따른다고 하면서 거짓에 속아 자신의 욕심이나 생각에 따른 삶을 살게 되면 쾌락을 느끼면서 살고 있지만 기쁨을 누리면서 살고 있다고 착각하면서 살게 된다(엡 6:12 참조).

2) 쾌락

배신하며 조급하며 자만하며 쾌락을 사랑하기를 하나님 사랑하는 것보다 더하며 경건의 모양은 있으나 경건의 능력을 부인하니 이 같은 자들에게서 네가 돌아서라(딤후 3:4-5).

자기 중심적으로 생각하고 판단하면 육신의 욕구를 채우면서 쾌락을 좇아 산다. 쾌락은 일시적이고 순간적이다. 사탄은 쾌락을 기쁨이라고 착각하면서 살도록 한다. 쾌락은 조건과 시간에 따라 달라지기 때문에 일시적이다. 쾌락은 행복의 조건으로 돈이나 명품이나 혹은 권력이나 게임을 선택하여 육신의 욕구를 채우게 만든다.

그러나 다음에 똑같은 분량의 쾌락을 느끼려면 더 큰 육신의 자극이 있어야 한다. 왜냐하면 같은 쾌락을 계속해서 느끼기 위하여 육신의 자극이 더 커지지 않으면 전과 같은 쾌락을 느끼지 못하기 때문이다.

쾌락으로 행복해지지 못하는 이유는 무엇일까?

그것은 육신의 만족을 채운다고 행복해지지 않기 때문이다.『꾸뻬 씨의 행복 여행』에 나오는 내용이다. 어떤 정신과 의사가 행복을 찾아 여행을 떠나 여행을 통하여 배운 것이 있는데, 그것은 자신을 다른 사람과 비교하지 않을 때 행복하고, 행복은 생각지도 않게 찾아오고, 행복은 현재에 주어지는 것이 아니라 미래에 주어지는 것이라고 생각하며 다른 사람보다 더 중요한 한 사람이 되는 것이라고 말한다.

행복은 알려지지 않는 아름다운 숲속을 걷는 일이다. 행복을 목표로 숲을 걷게 되면 행복을 누리지 못하게 된다. 행복은 좋아하는 사람과 함께 걷는 것이고, 불행은 사랑하는 사람과 헤어지는 것이며, 행복은 부족한 것이 없음을 아는 것임을 꾸뻬는 여행을 통하여 알게 되었다. 그가 배운 행복을 요약하면 행복이 목적이 되면 행복해질 수 없고, 다른 사람과 비교하지 않고 작은 일에도 만족하면서 자신이 좋아하는 일을 하고 다른 사람에게 베풀 수 있어야 행복해진다는 것, 즉 자신의 욕구가 아닌 다른 사람의 욕구를 채울 때 행복해진다는 것이다.

다른 사람을 존중하고 배려하면서 살면 행복해질까?

『행복의 조건』을 저술한 베일런트는 사랑이 행복의 조건이라고 말한다. 그는 1930년대 말 하버드대학교에 입학한 2학년생 268명의 삶을 72년간 추적하여 "행복하고 건강한 삶의 법칙이 있는가"라는 질문에 대한 답을 구하고자 했다. 이 연구는 1938년 백화점 재벌 윌리엄 T. 그랜트의 후원 하에 하버드대학교 공중보건학부 알리 복 박사가 시작한 것을 1967년 베일런트가 이어받은 것이다.

연구를 통하여 하버드를 졸업하고 잘 나이 들어가는 노인의 네 가지 특징은 다음과 같다.

① 미래 지향성
② 감사와 관용
③ 다른 사람의 처지에서 세상을 바라볼 수 있는 능력
④ 사람들과 함께 어우러져 일하려고 노력하는 자세

건강한 노화를 예견하는 조건은 고통에 대응하는 성숙한 방어기제, 교육, 안정된 결혼생활, 금연, 금주, 운동과 적당한 체중 관리 등이었는데 신체적 건강보다 정신적 건강이 행복에 더 긍정적인 영향을 미쳤으며 따뜻한 인간관계가 행복을 위한 조건이라고 결론을 내렸다. 이 연구 결과를 종합해 보면 행복하기 위한 조건은 '사랑'이었다(Vaillant, 2002). 이때의 사랑은 다른 사람을 위하는 사랑으로 자신만을 위한 사랑이 아니다.

그러나 대부분의 사랑은 하나님의 사랑이 아니라 자연적 인간의 본성에서 나온 사랑이다. 자신의 만족을 위한 사랑, 즉 자기애를 충족시키기 위한 사랑이다. 만약 자신의 만족을 위한 사랑이라면 쾌락을 추구하게 되고 쾌락은 쾌락 중추를 자극하게 된다.

쾌락을 탐닉하면 할수록 즐거움은 줄어든다. 아이스크림을 한 번 먹을 때 즐거움이 10이라면 두 번째 먹을 때 즐거움은 6이나 5로 떨어진다. 네 번째 아이스크림을 먹는다면 즐거움은 거의 0이 될 것이다. 이렇게 되는 이유는 새로운 사건에는 신경 세포가 연쇄 반응을 하지만 새로운 정보를 얻을 수 없는 익숙한 사건에는 반응하지 않기 때문이다. 신경 세포 기준을 보면 첫 번째 아이스크림은 새로운 정보이기 때문에 쾌락 중추 신경이 반응하지만 두 번째, 세 번째로 갈수록 새로운 정보가 아니기 때문에 반응하지 않는다.

쾌락은 아주 빨리 사라지면서 부정적인 영향을 주기도 한다. 40년 전 실험 연구에서 쥐의 뇌에서 '쾌락 중추'가 발견되었는데 연구자들이 가는 철사를 뇌 대뇌피질 아래 부위에 이식하고 난 후에 쥐가 막대를 누를 때마다 약한 전기 자극을 주었다. 마침내 실험 쥐들은 먹이나 기타 다른 즐거움, 심지어 삶 자체보다 전기 자극을 훨씬 더 좋아하게 되었는데, 이러한 변화를 통하여 연구자가 발견한 것은 본래 연구의 목적인 쾌락이 아니라 중독이었다. 전기 자극은 결과적으로 아주 강렬한 열망을 일으켰는데 그 열망은 자극을 줄 때마다 더 큰 열망으로 발전해 간다. 전기 자극을 갑자기 중단했을 때 쥐가 중독을 이기는 고통을 견디면서 끝까지 막대기를 누르지 않으면 그 열망은 사라진다.

그러나 열망이 너무 큰 나머지 전기 자극의 여운이 사라지기 전에 막대를 누르게 되고 이러한 행동은 더 이상 쾌락을 얻기 위한 행동이 아니라 억제하기 어려운 격렬한 열망에 사로잡힌 행동이 된다. 이처럼 끝없는 열망은 부정적인 영향을 주어 쥐는 결국 전기 자극에 중독되어 죽게 된다(Seligman, 2004). 쾌락이 중독으로 이어진다는 결론이다.

쾌락을 선택한다면 어떻게 될까?

쾌락은 오감을 통하여 느끼고 지각했다가 이내 사라진다. 생후 6개월 된 아기가 엄마의 젖을 먹을 때나 어른이 맛있는 음식을 먹을 때에 쾌락 중추가 자극되어 즐겁다. 쾌락을 자극하는 중추는 음악을 들을 때나 재미있는 영상을 볼 때에도 자극이 된다. 쾌락은 순간적이어서 외부 자극이 없으면 사그라들고 처음에 받았던 자극과 같은 효과를 얻으려면 더 큰 자극이 필요하다.

맛있는 아이스크림을 한 입 먹을 때, 활활 타오르는 난로 옆에서 따스함을 처음 느낄 때, 감동적인 영화를 처음 볼 때 즐거움을 느끼지만 절제하지 못하고 계속 반복되면 처음 자극에서 느낀 쾌락은 영원히 잃게 된다. 왜냐하면 같은 쾌락을 얻기 위하여 더 큰 자극이 필요하고 이는 중독이 되어 쾌락을 더 이상 느끼지 못하게 되기 때문이다.

감정적 쾌락도 쉽게 중독이 된다. 예를 들면 순간적인 기쁨, 재미나 활력 등 정신적인 쾌락을 처음 느끼고 나면 이내 사라진다. 더 큰 재미나 활력을 느끼려면 더 큰 자극이 필요하고 이는 육체적 쾌락과 같이 중독될 수 있다는 점을 의미한다. 약물로 육체적 쾌락을 느낄 수 있지만 같은 쾌락을 느끼기 위하여 더 많은 약물을 사용하여 중독되는 이치와 비슷하다.

    예배나 기도, 혹은 다른 사람을 섬길 때 느끼는 감정이 기쁨인지 쾌락인지 구분해야 한다. 쾌락은 신체적인 반응과 정서적인 반응이 있는데, 이것은 자기 노력으로 나타나는 감정이고 죄에 대한 깨달음은 있지만 하나님을 전적으로 신뢰하지 않고 자신을 의지할 때 나타난다. 신앙생활을 열심히 하지만 자신의 노력으로 하기 때문에 점점 힘든 신앙생활을 하게 되고 쾌락을 느끼기 위하여 더 많은 노력을 하게 된다. 자신과 비교하여 쉽게 신앙생활을 하는 것처럼 보이는 사람을 보면 "왜 나처럼 하지 않느냐?"라고 말한다.

    또한 그들은 자신도 모르게 율법에 사로 잡혀 '당위성'에 빠지게 되므로 규칙이나 교회 관습을 지키지 않는 사람을 보면 비판하고 손가락질하게 된다. 종교적 쾌락에 빠지면 다른 사람에게 강요하고 비난하게 되며 자신이 더 노력하여 선해지려고 하며 더 많은 선행으로 거룩해지려고 한다. 흔히 교회 공동체에서 이런 예를 많이 볼 수 있다. 신앙과 교회 생활을 혼돈하기 쉽다.

    그러나 그리스도 안에 생명이 나타나는 기쁨은 죄에 대한 두려움이 있고, 회개하고 애통하는 마음과 함께 하나님께 감사하는 마음과 이웃을 불쌍히 여기는 마음이 있다. 다른 사람을 판단하지 않고 마음이 부드러워져서 겸손해지며 성품의 변화가 있고 하나님을 향한 갈망이 점점 더 커진다. 우리 모두 그리스도 안에 거하는 선택을 하여 말씀과 성령의 인도를 받아 그리스도 안에 있는 생명이 드러나는 기쁨을 누리며 살기를 소원한다.

선택 질문

① 기쁨과 쾌락은 어떻게 다를까?

② 기쁨을 누리기 위하여 어떤 선택을 해야 할까?

③ 어떤 선택을 하면 쾌락을 느끼게 되는 걸까?

제3장

두 번째 선택: 견고한 진

1. 정직 vs 위선

> 여호와여 주의 장막에 머무를 자 누구오며 주의 성산에 사는 자 누구 오니이까 정직하게 행하며 공의를 실천하며 그의 마음에 진실을 말하며 그의 혀로 남을 허물지 아니하고 그의 이웃에게 악을 행하지 아니하며 그의 이웃을 비방하지 아니하며 그의 눈은 망령된 자를 멸시하며 여호와를 두려워하는 자들은 존대하며 그의 마음에 서원한 것은 해로울지라도 변하지 아니하며 이자를 받으려고 돈을 꾸어주지 아니하며 뇌물을 받고 무죄한 자를 해하지 아니하는 자이니 이런 일을 행하는 자는 영원히 흔들리지 아니하리이다(시 15:1-5).

사회에서 역할을 수행하거나 대인 관계를 맺을 때 스며드는 부정적인 생각과 감정을 무너뜨리기 위한 우리의 두 번째 선택을 생각해보자. 우선 위선보다는 정직을 선택해야 하고, 또 다른 사람에게 수용 받기 위한 행동을 하기보다는 사랑하고, 아울러 다른 사람이 기대에 어긋난 행동을 한다고 분노하기보다는 용서하기를 선택해야 한다.

견고한 진을 무너뜨리기 위하여 문화나 사회에서 무의식 중에 흘러 들어오는 사상과 대인 관계에서 생길 수 있는 부정적인 감정이나 생각을 말씀을 통해 수정해야 한다. 부정적인 감정과 생각은 사회에서 요구하는 역할을 하다 보면 생길 수 있다. 주어진 역할을 수행하기 위하여 사회라는 무대 위에 서면 가족 관계 내에서 취하는 것과는 다른 태도로 살게 된다.

어빙 고프만(Erving Goffman)은 이렇게 사는 이유는 사회라는 공연장에서 관객을 위한 연기를 하면서 살기 때문이라고 했다. 즉, 우리는 사회의 기대에 따라 살아야 하고 이를 거절할 수 없기 때문이라고 한다. 이를 해석한다면 사회에서 보여주는 태도와 가정에서 보여주는 태도가 다를 수 있기 때문에 사람은 정직하게 살기 어려우며 사회 속에서 타인의 거절이 두려워서 가면을 쓰고 생활을 하기 때문에 다른 사람의 기대에 따라 살고 있다는 설명이 가능하다. 문제는 타인에게 맞춰진 태도로 이어가는 생활이 반복되고 계속되면 거짓이 쌓이게 되어 견고한 진을 세우게 된다.

견고한 진을 무너뜨려야 하는데 그렇지 않으면 그리스도 안에 있는 생명의 능력이 나타나지 않기 때문이다. 견고한 진을 허물기 위하여 정직해야 하고 원수까지 용서하며 그리스도 안에서 서로 사랑해야 하는데 말씀이 우리 육신에 육화(肉化, Incarnation)되는 과정이 있어야 정직, 사랑, 용서라는 생명의 선택을 하게 된다.

1) 정직

대저 정직한 자는 땅에 거하며 완전한 자는 땅에 남아 있으리라 그러나 악인은 땅에서 끊어지겠고 간사한 자는 땅에서 뽑히리라(잠 2:21-22).

정직이란 거짓이나 꾸밈이 없이 마음이 바르고 곧음을 말한다. 정직해야 각자 정체성에 맞게 살 수 있기 때문에 자신이 어떤 사람이고 무엇을 할지 분명히 알게 된다. 다른 사람과의 관계에서 꾸밈없이 보여주는 행동은 어떠한 환경과 상황 속에서도 심지어 위협적인 순간에도 드러나는 일관성 있는 행동이다. 평소에 생활의 모든 면이 안정되어 있고 매너가 있게 보이지만 일이 틀어질 때마다 과격한 행동을 보인다면 정직하다고 할 수 없다.

쿠제스와 포스너는 미국의 직장인을 대상으로 가장 높게 평가하고 존중하는 리더의 특징이 무엇인지 물었다. 세월이 흐름에 관계없이 직장인이 최고로 뽑는 리더의 특징은 언제나 정직성이었다(Kouzes & Posner, 1933). 또한 그리스도인들도 비전, 능력, 업적, 감화력보다 리더의 정직성을 더 중요하다고 했다(Blackaby & Blackaby, 2001).

능력 있는 리더보다 정직한 리더를 원하는 인간의 중심에는 무슨 일이 일어난 것일까?

그리스도인은 다른 어떤 사회 리더보다 정직을 인정받아야 한다. 그러나 오히려 사회에서 정직을 인정받지 못하는 그리스도인이 다수 보인다. 정직하다는 칭찬보다는 위선자요 사기꾼이라고 비판을 받기도 하고 재정과 가정 등 개인적인 삶의 영역에서 정직하지 못하여 대중을 속였다고 언론에 보도되기도 한다.

그들은 최대한 멋지게 보이려고 터무니없는 말로 진실을 미화하거나 사실을 왜곡하기도 한다. 거짓을 말하지 않았느냐는 비난을 받으면 목적이 순수하기 때문에 사람을 감동시켜 그리스도를 믿게만 하면 된다는 말로 변명을 한다. 목적이 순수하기 때문에 과정은 속여도 된다는 태도는 사회를 어둡게 할 뿐만 아니라 자신의 내면도 어둡게 한다. 세상의 빛과 소금이 되라는 예수님의 말씀과 반대되는 행동을 보여준다(마 5:13-16 참조).

성경을 살펴보면 정직하면 하나님의 마음에 합한 자가 된다. 다윗은 하나님의 마음에 합한 사람이었다.

> (사울을) 폐하시고 다윗을 왕으로 세우고 증언하여 이르시되 내가 이새의 아들 다윗을 만나니 내 마음에 맞는 사람이라 내 뜻을 다 이루리라 하시더니(행 13: 22).

다윗이 하나님의 마음에 합한 사람이 되었던 이유는 정직했기 때문이었다. 그는 죄를 감추려는 선택으로 정직을 잃어버렸고 다시 정직하게 해달라고 회개할 때 죄에서 멀어졌다. 다윗을 보면 그가 얼마나 정직했는지 알 수 있다.

> 주의 얼굴을 내 죄에서 돌이키시고 내 모든 죄악을 지워 주소서 하나님이여 내 속에 정한 마음을 창조하시고 내 안에 정직한 영을 새롭게 하소서 (시 51:9-10 참조).

정직해야 죄에서 멀어지게 된다. 다윗이 정직을 달라고 기도한 이유는 정직을 잃어버리면 하나님을 기쁘시게 하지 못한다는 사실을 알았기 때문이다. 다윗은 자신의 죄를 숨기려고 우리아를 죽이라고 요압에게 명령했고 요압은 그의 명령에 따라 우리아를 적의 성 가까이에 가게 하여 죽음으로 내몰았다. 우리아를 죽이려는 이유는 다윗이 그의 아내 밧세바와 동침하여 임신한 사실을 감추기 위함이었다.

나단이 다윗의 죄를 지적했을 때 다윗은 나단을 죽일 수 있었지만 죽이지 않고 죄를 회개했다. 다윗이 정직할 수 있었던 이유는 자신의 약점이나 죄를 인정할 수 있는 용기가 있었기 때문이었다. 정직할 수 있는 힘이 자신을 정확히 돌아본 이후 하나님께 나아갈 용기를 주셨기 때문이다.

정직하게 되려면 약점이나 어려움을 솔직하게 표현할 수 있어야 한다. 약점이나 어려움을 숨기면 하나님을 의지하지 못하고 자신을 의지하게 되기 때문이다.

> 형제들아 우리가 아시아에서 당한 환난을 너희가 모르기를 원하지 아니하노니 힘에 겹도록 심한 고난을 당하여 살 소망까지 끊어지고 우리는 우리 자신이 사형 선고를 받은 줄 알았으니 이는 우리로 자기를 의지하지 말고 오직 죽은 자를 다시 살리시는 하나님만 의지하게 하심이라(고후 1:8-9).

바울이 자신의 약함을 정직하게 드러낼 때 하나님만 의지할 수 있었다.

> 내가 부득불 자랑할진대 내가 약한 것을 자랑하리라 주 예수의 아버지 영원히 찬송할 하나님이 내가 거짓말 아니하는 것을 아시느니라 (고후 11:30-31).

자신의 약함을 정직하게 인정할 때 하나님을 찬양할 수 있다. 또한 약함을 정직하게 표현함으로 하나님 앞에 온전해진다.

정직해야 하는 이유가 무엇일까?

첫째, 정직해야 하나님과 교통할 수 있기 때문이다.

> 대저 패역한 자는 여호와께서 미워하시나 정직한 자에게는 그의 교통하심이 있으며(잠 3:32).

솔로몬이 위와 같이 말한 이유는 아버지 다윗이 하나님과 친밀함으로 얻은 축복을 옆에서 지켜보았기 때문이었다. 또한 다윗과 하나님과의 깊은 교제와 친밀함은 시편에서 잘 드러나 있다.

둘째, 정직해야 하나님을 알 수 있기 때문이다.

정직의 반대는 편견이다. 편견이란 오감의 정보로 인한 육신적 판단이다. 따라서 편견이 있으면 하나님을 알기 어렵다. 그러나 정직은 공의에 기초한 판단이고 선악간의 판단이 아니므로 하나님을 알게 된다. 왜냐하면 정직은 하나님의 자비에 기초한 공의이며 이를 통하여 하나님과의 진정한 교통이 일어나기 때문이다.

> 네 하나님 여호와는 자비하신 하나님이심이라 그가 너를 버리지 아니하시며 너를 멸하지 아니하시며 네 조상들에게 맹세하신 언약을 잊지 아니하시리라(신 4:31).

정직을 선택할 때 하나님의 자비와 공의를 알 수 있다.

셋째, 하나님께서 정직한 사람을 돌보시기 때문이다.

또 청결하고 정직하면 반드시 너를 돌보시고 네 의로운 처소를 평안하게 하실 것이라(욥 8:6).

정직해야 하나님과 함께할 수 있기 때문에 돌보시고 보호하신다.

그는 정직한 자를 위하여 완전한 지혜를 예비하시며 행실이 온전한 자에게 방패가 되시나니(잠 2:7).

정직한 자는 하나님의 돌보심 안에서 완전한 지혜를 얻어 세상에서도 승리할 수 있다.

넷째, 정직하면 평안해지기 때문이다.

바른 길로 행하는 자는 걸음이 평안하려니와 굽은 길로 행하는 자는 드러나리라(잠 10:9).

정직하지 않으면 감추려 하기 때문에 숨긴 것이 드러날까 봐 불안해지고 불안을 감추려고 다른 거짓으로 포장하기 때문에 거짓은 커지고 커진 거짓이 드러날지도 모른다는 두려움 때문에 점점 더 불안해진다. 그러나 정직은 불안하면 불안한 대로 힘들면 힘든 대로 표현하여 거짓이 드러날까 두려워하지 않으므로 평안을 누리며 살 수 있다.

다섯째, 정직한 자의 후손이 축복을 받기 때문이다.

온전하게 행하는 자가 의인이라 그의 후손에게 복이 있느니라(잠 20:7).

정직하게 사는 부모의 모습을 본 자녀는 굳이 가르치지 않아도 정직을 따라 하기 때문에 하나님의 마음에 합한 자가 된다. 오랜 세월 동안 이민자의 삶을 산 이민 사회에서 자녀들이 빗나가는 이유 중에 가장 큰 이유를 꼽는다면 대다수가 입을 모아 부모의 이중성이라고 말한다.

이것은 부모가 자신이 유리한 쪽의 문화로 그때그때 바꾸기 때문인데, 한국적 사고방식이 부모에게 이득이 되면 한국식으로 미국적 사고방식이 이득이 되면 미국식으로 그때그때 부모의 태도가 달라졌기 때문이다. 자녀들은 이 모습을 보면서 정직을 배우는 것이 아니라 이중적인 모습을 그대로 본받기가 쉽다. 자신도 모르는 사이에 위선이 습득되고 결국 하나님과의 관계에서도 이중성을 가진다.

정직은 저절로 생기지 않는다. 의식적으로 선택하고 훈련해야 한다. 매일 자신의 말과 태도를 살펴서 거짓된 행동이나 말이 있다면 돌이켜 회개하고 정직을 선택해야 한다. 정직을 선택하며 사는 일이 쉽지 않다고 하지만 하나님을 가까이 하려는 노력을 알고 불쌍히 여겨 정직하도록 하나님께서 이끌어 가실 것이다.

2) 위선

화 있을진저 외식하는 서기관들과 바리새인들이여 회칠한 무덤 같으니 겉으로는 아름답게 보이나 그 안에는 죽은 사람의 뼈와 모든 더러운 것이 가득하도다 이와 같이 너희도 겉으로는 사람에게 옳게 보이되 안으로는 외식과 불법이 가득하도다(마 23:27-28).

위선이란 겉으로 착한 체함을 말한다. 거짓으로 남의 비유를 맞추는 간사와 위선은 자기를 위한 동기에서 시작된다. 겉으로는 다른 사람을 섬기거나 도와주는 행동을 하지만 다른 사람의 유익을 주기보다는 자신의 유익을 위한 행동은 위선이라고 말할 수 있다. 누가복음 15장에 돌아온 탕자에서 큰아들이 보여준 태도가 대표적인 위선의 예이다.

어떤 사람에게 두 아들이 있었다. 그런데 작은아들이 "아버지 제 몫으로 돌아올 재산을 주십시오"라고 말하였다. 그래서 아버지는 재산을 갈라 두 아들에게 나누어 주었다. 얼마 후 작은아들은 자기 재산을 다 정리하여 먼 나라로 가서 방탕한 생활을 하다가 재산을 모두 날려 버렸다.
가진 것을 다 써 버리고 그 나라에 심한 흉년까지 들어 비로소 굶주리게 되자 그는 하는 수 없이 그 나라의 어떤 사람에게 가서 고용되어 살게 되었는데 주인이 그를 들로 보내 돼지를 치게 하였다. 그는 너무도 배가 고파 돼지가 먹는 쥐엄나무 열매로 배를 채우려 했지만 그것마저 주는 사람이 없었다. 그제서야 그는 제정신이 들어 말하였다. '내 아버지의 집에는 양식이 풍부하여 많은 일꾼들이 먹고 남는데 나는 여기서 굶어 죽는구나!' 그렇다. 아버지에게 가서 이렇게 말씀드려야지, "아버지, 제가 하늘과 아버지께 죄를 지어 이젠 아버지의 아들이라고 할 자격도 없습니다. 다만 저를 일꾼의 하나로 써 주십시오." 그러고서 그는 일어나 아버지에게 갔다.
그러나 아버지는 그가 멀리서 오고 있는 것을 보고 측은한 마음이 들어 달려가서 아들을 얼싸안고 입을 맞추었다. 그러자 아들은 "아버지, 제가 하늘과 아버지께 죄를 지어 이젠 아버지의 아들이라고 할 자격도 없습니다. 다만 저를 일꾼의 하나로 써주십시오"라고 하였다. 그런데도 아버지는 종에게 이렇게 명령했다. "어서 제일 좋은 옷을 내어다 입히고 손가락에 반지를 끼우고 신발을 신겨라. 그리고 살진 송아지를 끌어와 잡아라. 우리 함께 먹고 즐기자. 나의 이 아들은 죽었다가 다시 살아났고 잃었다가 다시 찾았다." 그리고 그들은 기쁨으로 잔치를 했다.

한편 밭에 나갔던 큰아들이 돌아오다가 집 근처에 왔을 때 풍악 소리와 춤추는 소리를 듣고 종 하나를 불러 무슨 일이냐고 물었다. 이때 그 종은 "당신의 동생이 돌아왔습니다. 그래서 주인께서 건강한 모습으로 돌아온 그를 다시 맞아들이게 되었다고 살진 송아지를 잡았습니다"라고 대답하였다. 그러자 그는 화를 내며 집에 들어가려 하지 않았다. 그의 아버지가 나와서 사정했으나 그는 아버지에게 "제가 여러 해 동안 아버지를 섬겨왔고 아버지의 명령을 어긴 일이 없는데도 제게는 친구들과 함께 즐기라고 염소 새끼 한 마리도 주신 일이 없습니다. 그런데 창녀들과 놀아나다 아버지의 재산을 다 없애버린 동생이 돌아왔다고 아버지는 살진 송아지까지 잡으셨습니다"라고 했다.

그러자 아버지가 대답하였다. "애야 너는 항상 나와 함께 있으니 내가 가진 모든 것이 다 네 것이 아니냐? 그러나 네 동생은 죽었다가 다시 살아났고 잃었다가 다시 찾았으므로 우리가 즐거워하고 기뻐하는 것이 마땅하다"(눅 15:11-32, 현대인의성경).

탕자의 비유를 통하여 아버지를 위해서가 아니라 자기를 위하여 옆에서 아버지를 섬겼던 큰아들의 위선을 알 수 있다.

큰아들이 동생이 돌아오는 것에 대해 기뻐하지 못하는 이유가 무엇일까?

큰아들이 아버지 옆에 있었던 이유는 아버지를 위함이 아니라 자신을 위함이기 때문이었다.

어떻게 알 수 있는가?

큰아들의 말에서 알 수 있다.

> 여러 해 동안 아버지를 섬겨왔고 아버지의 명령을 어긴 일이 없는데 아버지는 제가 친구들과 함께 어울리라고 염소 새끼 한 마리를 주신 일이 없습니다.

큰아들은 자신의 유익을 위하여 아버지를 섬겼기 때문에 아버지를 떠났던 동생이 친구들과 함께 어울리고 환영받는 것을 볼 수 없었다. 큰아들의 위선은 아버지에게 충성스러운 아들처럼 보였지만 그 충성은 아버지를 위함이 아니라 자신의 즐거움을 위함이었다.

큰아들은 맏아들의 책임을 다하며 아버지의 뜻을 따르고 효도하는 아들처럼 보였다. 부모를 실망시키지 않으려고 노력했다. 그러나 마음속으로는 동생을 부러워하고 있었는데 자기 마음대로 하는 동생, 즉 아버지에게 당당하게 자신의 몫을 주장하는 동생처럼 행동하고 싶었지만 하지 못했기 때문이다.

반대로 그는 옳다고 할 만한 일만 했고 아버지께 고분고분했고 효도를 다했고 규율을 지키면서 열심히 일했다. 다들 큰아들을 존중하여 높이 평가하고 칭찬했으며 모범적인 아들이라고 여겼다. 겉으로 보기에는 나무

랄 데가 없었다. 하지만 작은아들이 돌아왔을 때 큰아들의 위선이 드러나게 된다.

집으로 돌아온 동생을 보고 뛸듯이 기뻐하는 아버지의 모습을 보자 숨겨진 어두움이 드러났다. 분노했고, 오만했으며, 인정이 없었으며, 이기적인 자아가 드러났다. 이러한 현상은 흔히 착하게 산다고 인정받는 사람에게 주로 나타난다. '바르고 착하게' 사는 이들 가운데 분노가 넘치고 자신 스스로 선하다는 미명 아래 다른 사람을 판단하고 정죄하고 낙인찍는다.

선하게 보이는 형에게 왜 이런 분노가 있었을까?

위선을 선택하고 가식적으로 행동했으며 자신이 기대한 대가를 받지 못한다는 생각 때문이었다. '열심히 노력했어. 오랫동안 최선을 다했고 자리를 지키고 열심히 일했지만 아무런 대가도 받지 못했어. 동생이 쉽게 얻는 아버지의 인정조차 난 쉽게 얻지 못해'라는 생각이 분노하게 했다.

사람들이 위선을 선택하는 이유는 무엇인가?

심리학적인 이론으로 설명하면 현실적 자아와 이상적 자아의 차이가 크면 클수록 자신이 이상적 자아를 나타내려고 위선을 선택하여 불만족한 현실적 자아를 숨기려 하기 때문이다. 여성 심리학자인 호나이(Karen Horney)는 자아를 ① 현실 자아, ② 실제 자아, ③ 이상적 자아로 구분했다(노안영, 강영신, 2003).

첫째, 현실 자아(real self)는 다른 사람에 의해 평가된 자아를 말한다. 부모에게 적대감을 품은 자녀는 적대감을 표현하지 못하고 억압하여 자신은 사랑스럽지 못하고 무가치하다고 확고한 결론을 내린다. 이때 생겨난 자아를 현실 자아라고 하는데 현실 자아는 전혀 현실적이지 못함을 알 수 있다. 왜냐하면 현실 자아는 다른 사람의 잘못된 평가에 근거하여 생겨난 자아이기 때문이다.

둘째, 실제 자아(actual self)는 다른 사람에 의해서 관찰된 객관적인 평가를 말한다. 실제 자아는 자신이 지각한 자아와 상관없는 그대로의 모습을 말한다.

셋째, 이상적 자아(ideal self)는 자신이 되어야만 하는 자아를 말한다. 이상적 자아는 잠재력을 개발하고 자아를 실현할 수 있도록 돕는다. 이상적 자아가 되기 위하여 '당위성'을 선택하여 현실 자아를 감추려 하기 때문에 위선을 선택한다.

정직한 사람은 실제 자아와 이상적 자아가 대체로 일치하지만 위선적인 사람은 일반적으로 실제 자아와 이상적인 자아의 차이가 있다. 실제 자아와 이상적 자아의 차이가 심하면 신경증 환자가 되는데 그 이유는 '당위성' 때문이다. 호나이는 이를 '당위성의 횡포'라고 불렀는데 당위성을 가지면 타협을 하지 못하고 이상적 자아에 치우쳐 성격을 왜곡시키고, 시간이 지남에 따라 자신이 바라는 당위성이 이상적 자아로 바뀌어 진짜인 것처럼 느끼게 된다(노안영, 강영신, 2003).

따라서 위선은 실제 자아의 판단을 선택하지 않고 이상적 자아의 판단을 선택하여 다른 사람에게 보이기 위한 행동이나 태도이다.

또한 위선은 '안정감의 부재'에서 온다. 사회가 외형적, 양적으로 커지고 발전하면 위선은 더 커진다. 왜냐하면 인간의 행위를 뒷받침해 주었던 전통적인 관습과 규율이 급격하게 사라지고, 무엇을 해야 한다고 알려주는 방향성이 상실되어, 마땅히 행해야 할 바를 알려주는 가치를 잃어버려 안정감을 크게 상실하기 때문이다. 이로 인하여 인간은 자신이 무엇을 바라고 있는지, 어떤 가치가 기준이 되는지도 모르기 때문에 다른 사람이 하는 행동을 생각 없이 따라 하고, 다른 사람이 바라는 대로 기준 없이 행동하게 된다.

예수님은 위선을 경계하라고 했는데 그 이유는 위선으로 하늘에서 받을 상이 없기 때문이다.

> 그러므로 구제할 때에 외식하는 자가 사람에게 영광을 받으려고 회당과 거리에서 하는 것같이 너희 앞에 나팔을 불지 말라 진실로 이르노니 그들은 자기 상을 이미 받았느니라(마 6:2).

위선은 자신의 욕심을 채우기 위한 선한 행동으로 다른 사람으로부터 칭찬이나 보상을 받았기 때문에 하늘에서 받을 상급은 없다(마 23:27 참조). 또한 위선은 자신을 위하는 동기에서 선택하는 행동이기 때문에 아무리 선한 행동을 하더라도 하늘의 보상은 없다.

> 겸손과 여호와를 경외함의 보상은 재물과 영광과 생명이니라(잠 22:4).

정직이 아닌 위선을 선택하면 점점 교만해져 하나님을 경외하지 않게 된다.

선택 질문

① 정직을 선택하기 위하여 무엇을 해야 할까?
② 정직해야 되는 이유는 무엇일까?
③ 위선을 선택하게 되는 이유는 무엇일까?

2. 사랑 vs 거절

누구든지 하나님을 사랑하노라 하고 그 형제를 미워하면 이는 거짓말하는 자니 보는 바 그 형제를 사랑하지 아니하는 자는 보지 못하는 바 하나님을 사랑할 수 없느니라 우리가 이 계명을 주께 받았나니 하나님을 사랑하는 자는 또한 그 형제를 사랑할지니라(요일 4:20-21).

그리스도 안에서 하나님의 자녀가 되면 형제자매가 된다. '사랑하라'는 계명은 사랑하라는 명령을 받았다는 뜻이고 의지적으로 사랑하라는 뜻이다. 그러나 이 계명대로 사랑하면서 사는 사람보다 마지못해 사랑하고 사는 사람이 많은 듯 보인다. 그들은 가까운 사람으로부터 거절을 당한 상한 마음이 있어 그대로 앙갚음하려 하거나 다른 사람에게 거절당하지 않으려고 다른 사람의 기분을 맞추려 노력하고 있지만, 인정받으려고 노력하면 노력할수록 거절의 두려움을 떨쳐버리기 어렵다.

자신을 수용하면 거절감에서 자유롭게 되고 다른 사람에게 인정받으려고 힘겨운 노력을 할 필요도 없으며 거절을 당해도 거절하는 사람이 문제라고 거절의 원인을 자기에서 상대로 돌릴 수 있다. 서로 사랑하라는 계명은 자신을 온전히 수용할 때 선택할 수 있으며 다른 사람의 거절에서 자유로워야 두려움을 내쫓고 온전한 사랑을 이룰 수 있다(요일 4:18 참조).

1) 사랑

사랑하는 자들아 너희는 너희의 지극히 거룩한 믿음 위에 자신을 세우며 성령으로 기도하며 하나님의 사랑 안에서 자신을 지키며 영생에 이르도록 우리 주 예수 그리스도의 긍휼을 기다리라(유 1:20-21).

사랑은 감정이 아니라 선택하고 지켜야 할 의지이다. 감정은 생각과 상황, 환경에 따라 달라지고 사건에 대한 해석에 달려 있기 때문에 이성을 담당하는 좌뇌를 사용하여 감정을 다스릴 수 있다. 그러나 의지는 상황이나 사건에 따라 달라지는 것이 아니라 자신이 하고자 하는 동기에 의해서 결정되기 때문에 말씀이 동기가 되어야 사랑을 선택할 수 있다.

사랑은 하나님의 의에 기초한 동기를 따를지 아니면 자기의 의에 기초한 동기를 따를지에 대한 선택이다. 하나님의 의에 기초하지 않은 사랑은 자기에 대한 사랑, 즉 자기 중심적인 자기애이기 때문이다. 하나님의 의에 기초한 사랑을 하기 위하여 하나님께 눈을 돌려야 하고 그래야 다른 사람을 사랑할 수 있다.

로이드 존스 목사도 자기애를 벗어난 사랑을 할 수 있는 유일한 길은 자아를 생각할 시간이 없을 정도로 하나님께 몰두해야 한다고 했다. 또한 영국의 신학자 윌리엄 바클레이(William Barclay)는 하나님이 사랑이시라면 하나님은 그 사랑을 나눌 대상이 있어야 한다고 말했다.

"짝사랑은 사랑이 아니다. 하나님이 당신의 사랑을 나누며 교제할 존재로 인간을 창조하신 것이 틀림없다고 믿는다"(Barclay, 1998).

하나님이 인간을 창조하신 목적은 사랑을 나누는 친밀한 관계를 맺기 위함인 것이다. 하나님은 인간을 창조하셨는데 인간 자신을 사랑하지 않고 하나님을 사랑하도록 '선악과를 먹지 말라'는 명령을 인간에게 주셨다. 계명이 지켜질 때 하나님을 사랑하고 다른 사람을 사랑할 수 있다.

그러나 계명을 지키지 않으면 인간은 하나님을 사랑하기도 어려울 뿐만 아니라 가까이 있는 아내조차 사랑하기 어렵게 된다. 자기 몸처럼 아내를 사랑한 아담도(창 2:23) 하나님의 계명을 어긴 후에는 하나님을 사랑하지도 못하고 아내도 사랑하지 못했다(창 3:10-12 참조).

범죄한 인간은 자신을 아끼려는 동기로 다른 사람을 사랑한다. 이러한 사랑은 자기애에 기초한 사랑이어서 자기가 사랑하고 싶을 때, 사랑하고 싶은 사람만 사랑한다. 다른 사람을 배려하는 사랑이 아니라 자기의 이기심에 따른 사랑이다. 그래서 사랑을 의지가 아닌 감정이라고 착각한다. 자신의 이기심을 채우지 못하여 사랑받지 못한다고 느낀다면 조건적인 사랑을 하고 있다는 증거이다.

그러나 성경에서 말하는 사랑은 무조건적 사랑이다. 나를 미워하고 싫어하는 사람도, 원수 같은 사람도 사랑해야 한다. 이러한 사랑을 할 수 있는 이유는 말씀이 동기가 되어 사랑하기 때문이다. 말씀이 동기가 되었다는 뜻은 하나님을 알고 순종함으로 하나님의 깊은 사랑을 안다는 의미이다(요일 2:3 참조).

어떻게 사랑할 수 있을까?

첫째, 사랑하려면 자신을 비워야 한다.

바울이 "또한 모든 것을 해로 여김은 예수를 아는 지식이 가장 고상하기 때문이다"(빌 3:8 참조)라고 말할 수 있는 것은 하나님을 알면 알수록 마음속 깊은 곳에서부터 솟아나는 사랑으로 자신을 비울 수 있었기 때문이었다. 또한 말씀을 들으면 이 세상에 소망이 있지 않고 하나님 나라의 열망이 있기 때문에 자신을 비울 수 있다.

> 예수께서 대답하여 이르시되 사람이 나를 사랑하면 내 말을 지키리니 내 아버지께서 그를 사랑하실 것이요 우리가 그에게 가서 거처를 그와 함께 하리라(요 14:23).

하나님 나라에 있는 집을 사모하게 되면 자신을 비우게 된다.
때때로 하나님을 알려고 결단하여 나가는 길에 사랑을 느끼지 못하고 혼자 있다는 느낌이 들 때가 있다. 가족도 등을 돌리고 친구도 멀어지고 가까이 지냈던 사람이 배신하여 홀로 있을 경우에 그렇다. 인간적으로 어려움을 겪고 있는 것처럼 보이기도 하지만 고난의 때는 하나님을 만날 때이고 마음속 깊이 있는 자기애를 비울 때이다. 하나님을 만남으로 인하여 비로소 자기애가 마음에서 비워져 가는 변화를 느낀다.
결국 마음이 완전히 비워질 때 하나님은 사랑으로 채워주신다. 사랑은 우리가 자신을 비우려고 말씀에 의지하여 노력할 때 성령이 사랑으로 빈 공간을 채우고, 그리고 그 채워진 사랑을 통하여 다른 사람을 사랑하게 된다.

둘째, 하나님을 알아가는 지식이 있어야 사랑할 수 있다.
사랑의 근원은 하나님이시기 때문에 하나님을 알지 못하면 사랑할 수 없다.

사랑하지 아니하는 자는 하나님을 알지 못하니 이는 하나님은 사랑이심이라(요일 4:8).

하나님의 사랑을 어떻게 알 수 있을까?
첫째, 하나님이 우리를 위하여 목숨을 버리신 사실을 알면 하나님의 사랑을 알 수 있다.

그가 우리를 위하여 목숨을 버리셨으니 우리가 이로써 사랑을 알고 우리도 형제들을 위하여 목숨을 버리는 것이 마땅하니라(요일 3:16).

예수님의 십자가 사건은 우리를 위해 죽기까지 사랑하신 하나님 사랑의 증거이다.
둘째, 악으로부터 보호받음을 보고 하나님의 사랑을 안다.

너희는 다 모여 들으라 나 여호와가 사랑하는 자는 나의 기뻐하는 뜻을 바벨론에 행하리니 그의 팔이 갈대아 인에게 임할 것이라 그들 중에 누가 이 일들을 알게 하였느냐 너희는 바벨론에서 나와서 갈대아인을 피하고 즐거운 소리로 이를 알게 하여 들려 주며 땅 끝까지 반포하여 이르기를 여호와께서 그의 종 야곱을 구속하셨다 하라. 여호와께서 그들을 사망으로 통과하시게 하시던 때에 그들이 목마르지 아니하게 하시되 그들을 위하여 바위에서 물을 흘러나게 하시며 바위를 쪼개사 물이 솟아나게 하셨느니라 (사 48:14, 20-21, 표준새번역).

하나님께서 이스라엘을 바벨론으로부터 보호하신 것처럼 하나님의 자녀가 사탄의 공격으로부터 보호를 받을 때 하나님의 사랑을 안다. 하나님의 보호하신다는 약속은 어제나 오늘이나 동일하다.

셋째, 필요를 채워주심을 보고 하나님의 사랑을 안다.

하나님의 능력은 사랑을 통해 나타난다는 사실은 그분이 내리는 명령을 보면 알 수 있다. 하나님의 명령은 인간의 필요를 충족시키고 공급하시기 위한 그분의 끊임없는 보살핌과 능력의 표현이다.

> 하나님이 그들에게 복을 주시며 하나님이 그들에게 이르시되 생육하고 번성하여 땅에 충만하라, 땅을 정복하라, 바다의 물고기와 하늘의 새와 땅에 움직이는 모든 생물을 다스리라 하시니라 하나님이 이르시되 내가 온 지면의 씨 맺는 모든 채소와 씨 가진 열매 맺는 모든 나무를 너희에게 주노니 너희의 먹을 거리가 되리라 (창 1:28-29).
>
> 그가 가축을 위한 풀과 사람을 위한 채소를 자라게 하시며 땅에서 먹을 것을 나게 하셔서 사람의 마음을 기쁘게 하는 포도주와 사람의 얼굴을 윤택하게 하는 기름과 사람의 마음을 힘 있게 하는 양식을 주셨도다 (시 104:14-15).

하나님이 인간에게 이렇게 명령하는 이유는 명령을 수행하는 데 필요한 모든 것을 세밀하고 넉넉하게 공급하셨기 때문이다.

넷째, 고난 속에 유익이 있음을 알고 경험하면 하나님의 사랑을 안다.

하나님 사랑은 고난이 없음을 보장하는 것이 아니라 오히려 고난이 우리에게 필요하고 유익함을 알게 한다.

> 주께서 그 사랑하시는 자를 징계하시고 그가 받아들이시는 아들마다 채찍질하심이라 하였으니 그들은 잠시 자기의 뜻대로 우리를 징계하였거니와 오직 하나님은 우리의 유익을 위하여 그의 거룩하심에 참여하게 하시느니라(히 12:6,10).

하나님은 고난을 통해 우리가 자녀됨을 확증해 주시고 나아가 거룩하심까지 참여하도록 해주신다.

다섯째, 우리의 환난에 하나님이 함께 동참하심을 보면 하나님의 사랑을 안다.

> 그들의 모든 환난에 동참하사 자기 앞에 사자로 하여금 그들을 구원하시며 그의 사랑과 그의 자비로 그들을 구원하시고 옛적 모든 날에 그들을 드시며 안으셨으나(사 63:9).

환난 중에 우리를 홀로 두시지 않고 함께 동행하심을 경험할 수 있다.

여섯째, 우리를 언제나 기억하시는 하나님을 보면 하나님의 사랑을 안다.

여인이 어찌 그 젖 먹는 자식을 잊겠으며 자기 태에서 난 아들을 긍휼히 여기지 않겠느냐 그들은 혹시 잊을지라도 나는 너를 잊지 아니할 것이라(사 49:15).

일곱째, 영적전투에서의 승리하면 하나님의 사랑을 안다.

자녀들아 너희는 하나님께 속하였고 또 그들을 이기었나니 이는 너희 안에 계신 이가 세상에 있는 자보다 크심이라(요일 4:4).

하나님의 사랑만이 사탄을 넘어뜨릴 수 있다(요일 5:4 참조).
여덟째, 우리를 위한 하나님의 희생을 알면 하나님의 사랑을 안다.

하나님의 사랑이 우리에게 이렇게 나타난 바 되었으니 하나님이 자기의 독생자를 세상에 보내심은 그로 말미암아 우리를 살리려 하심이라 사랑이 여기 있으니 우리가 하나님을 사랑한 것이 아니요 하나님이 우리를 사랑하사 우리 죄를 속하기 위하여 화목 제물로 그 아들을 보내셨음이라(요일 4:9-10).

우리의 죄사함을 위하여 대신하여 죽으신 그리스도를 깨달으면 하나님의 사랑을 안다.
아홉째, 죄를 용서받으면 하나님의 사랑을 안다.

악인은 그의 길을, 불의한 자는 그의 생각을 버리고 여호와께로 돌아오라 그리하면 그가 긍휼히 여기시리라 우리 하나님께로 돌아오라 그가 너그럽게 용서하시리라(사 55:7).

용서를 많이 받으면 받을수록 빚진 자의 심정이 되어 사랑을 알게 되어 사랑을 갚으려 한다.

내 이름으로 일컫는 내 백성이 그들의 악한 길에서 떠나 스스로 낮추고 기도하여 내 얼굴을 찾으면 내가 하늘에서 듣고 그들의 죄를 사하고 그들의 땅을 고칠지라(대하 7:14).

열째, 영원한 생명을 주어 우리를 일으켜서 그리스도 예수와 함께 하늘에 앉히시는 우리의 모습을 보면 하나님의 사랑을 안다.

긍휼이 풍성하신 하나님이 우리를 사랑하신 그 큰 사랑으로 인하여 허물로 죽은 우리를 그리스도와 함께 살리셨고 (너희는 은혜로 구원을 받은 것이라) 또 함께 일으키사 그리스도 예수 안에서 함께 하늘에 앉히시니 이는 그리스도 예수 안에서 우리에게 자비하심으로써 그 은혜의 지극히 풍성함을 오는 여러 세대에 나타내려 하심이라(엡 2:4-7).

영원한 생명으로 나타나는 풍성함을 경험하면 하나님의 사랑을 안다.
열한째, 하나님의 자녀됨을 알면 하나님의 사랑을 안다.

보라 아버지께서 어떠한 사랑을 우리에게 베푸사 하나님의 자녀라 일컬음을 받게 하셨는가 우리가 그러하도다 그러므로 세상이 우리를 알지 못함은 그를 알지 못함이라(요일 3:1).

하나님의 자녀는 하나님의 가족이 되어 하나님 아버지의 사랑을 알게 된다.

열두째, 그리스도 안에 기쁨과 안식을 누림으로 하나님의 사랑을 안다.

너희 하나님 여호와가 너의 가운데에 계시니 그는 구원을 베푸실 전능자이시라 그가 너로 말미암아 기쁨을 이기지 못하시며 너를 잠잠히 사랑하시며 너로 말미암아 즐거이 부르며 기뻐하시리라(습 3:17).

그리스도 안에 거할 때 나타나는 생명으로 기쁨과 안식을 경험하면 하나님의 사랑을 알게 된다.

열셋째, 이웃을 사랑해야 하나님의 사랑을 알 수 있다.

이웃을 네 몸과 같이 사랑하라는 계명이 가장 큰 계명이라고 하는데 그 이유가 무엇일까?(막12:31 참조)

이웃을 사랑하지 않으면 하나님을 사랑하지 못하기 때문이다. 이웃을 사랑해야 성령님이 우리 안에 거할 수 있고 우리 안에 성령이 계셔야 하나님의 사랑을 경험하게 된다.

(이웃을) 사랑하지 아니하는 자는 하나님을 알지 못하니 이는 하나님은 사랑이심이라(요일 4:8).

따라서 이웃 사랑에 관한 하나님의 메시지는 가장 큰 계명으로 강하고 분명한 행동지침이다. 하나님의 사랑을 알고 이웃을 사랑하는 선택을 하는 것은 의지를 드리는 일이다.

사랑하면 얻게 되는 유익은 무엇일까?

첫째, 하나님이 공급하시는 사랑으로 사랑하면 하나님의 의가 나타난다.

인간적 잣대로 정의를 실현하려 하면 옳고 그름의 판단으로 행동하지만 사랑으로 행동하면 하나님의 정의가 나타난다. 사랑이 없는 정의는 인간을 존중하지 않기 때문에 인간을 물질로 취급하고 물질을 얻기 위하여 불법이 성해져 사랑은 더 찾아보기 어렵게 된다(마 24:12 참조). 인간을 물질로 취급하게 되면 인간을 어떻게 다루든 상관이 없게 되며 육신적인 본능에 따라 살게 되고 이 본능에 따른 사랑이 사랑이라고 착각하면서 살기 때문에 육신에 따른 사랑은 하나님의 의를 나타내지 못하고 자신이 의인임을 나타낸다.

둘째, 사랑하면 두려움이 없다.

> 사랑 안에 두려움이 없고 온전한 사랑은 두려움을 내쫓나니 두려움에는 형벌이 있음이라 두려워하는 자는 사랑 안에서 온전히 이루지 못하였느니라(요일 4:18).

세상을 두려워하면 하나님을 사랑하지 못하고 하나님을 사랑하면 세상을 두려워하지 않게 된다.

셋째, 사랑하면 온전하게 된다.

어느 때나 하나님을 본 사람이 없으되 만일 우리가 서로 사랑하면 하나님이 우리 안에 거하시고 그의 사랑이 우리 안에 온전히 이루어지느니라 (요일 4:12).

영적인 부분에서 교회의 가장 큰 적은 분리의 영이다. 교회 안에서 나누어지면 교회는 세워지지 않는다.

어느 나라든지 갈라져서 서로 싸우면 망하고 또 가정도 서로 싸우면 무너진다. 그러나 사탄이 갈라져서 서로 싸우면 그 나라가 어떻게 서 있겠느냐?(눅 11:17-18, 표준새번역).

그러나 사랑하면 다투지 않게 되어 무너지지 않는다. 한국교회가 무너지지 않고 온전히 서려면 첫사랑을 회복해야 한다. 하나님의 사랑만이 회복의 능력이 있기 때문이다.

넷째, 사랑은 생명의 길로 인도한다.

사울 왕으로부터 부당한 대우를 받다가 왕이 된 다윗은 복수하기 좋아하고 싸우기 좋아하는 거만한 왕이 될 수 있었다. 그의 부를 이기적으로 사용하고 권력으로 백성을 압제할 수도 있었다. 그러나 다윗이 다른 이스라엘의 악한 왕처럼 되지 않은 이유는 하나님의 사랑이 생명의 길로 인도했기 때문이었다.

주님은 언제나 나와 함께 계시는 분 그가 나의 오른쪽에 계시니 나는 흔들리지 않는다. 주님께서 몸소 생명의 길을 나에게 보여주시니 주님을 모시고 사는 삶에 기쁨이 넘칩니다. 주님께서 내 오른쪽에 계시니 이 큰 즐거움이 영원토록 이어질 것입니다(시 16:8,11, 표준새번역).

하나님의 사랑을 경험한 다윗은 변화되어 생명의 길을 선택할 수 있었다.

다섯째, 사랑은 모든 것을 할 수 있는 능력이 된다.

물질에 대한 애착을 끊을 수 있고, 소중히 여기는 것을 버릴 수 있으며 고난과 고통, 그리고 온갖 종류의 좌절과 아픔을 넘을 수 있는 것이 사랑이다. 왜냐하면 말씀에 기초하여 선택한 사랑은 모든 것을 할 수 있는 능력이 되기 때문이다.

바울은 비천에 처할 줄도 알고 풍부에 처할 줄도 알아 모든 일, 곧 배부름과 배고픔과 풍부와 궁핍에도 처할 줄 아는 일체의 비결을 배웠다고 말하고 능력 주시는 자 안(그리스도 안 혹은 사랑 안)에서 모든 것을 할 수 있다고 고백한다(빌 4:11-12 참조). 어떤 상황 속에서 할 수 있다고 배울 수 있었던 바울의 비결이 사랑이다.

2) 거절

사람의 심령은 그의 병을 능히 이기려니와 심령이 상하면 그것을 누가 일으키겠느냐(잠 18:14).

거절이란 가까운 사람이 거부하거나 자신을 받아주지 않아서 생긴 상한 심령이다. 심리학적인 측면에서 거절은 유아기 때 부모가 아이에게 '조건적 사랑'을 베풀 때 생긴다. 아이가 부모의 무조건적인 사랑을 받을 때 자기가 인정받는다고 느끼지만 조건적인 사랑을 받으면 거절감을 느낀다. 왜냐하면 부모와 친밀한 관계가 형성되지 않을 때 아이는 관계에 대한 친밀함을 거부하거나 두려워서 친밀감을 회피하기 때문이다(Bartholomew & Horowitz, 1991).

자신을 받아주지 않는다는 생각이 감정에 영향을 주어 거절감이 된다. 거절감은 자신을 사랑하지 않는다는 부정적인 생각이 형성한 부정적 감정이다. 거절감 때문에 "나에게 일어나는 문제는 당신 탓이야"라고 문제의 원인을 다른 사람이나 환경으로 돌린다.

탓을 하게 되면 자신의 문제를 발견하지 못한다. 성경에서 거절감을 처음 느낀 사람은 하와였다. 남편 아담은 하와를 보자 "당신은 나의 뼈 중에 뼈요 살 중에 살이라. 나는 부모를 떠나 당신과 합하여 둘이 한 몸을 이룰 것이다"(창 2:23-24 참조)라고 고백했다. 그러나 범죄한 후에 아담은 죄의 책임을 하와의 탓으로 돌렸다(창 3:12 참조).

아담의 말로 인하여 하와는 아담으로부터 사랑받지 못했다고 생각했을 것이며 이로 인하여 깊은 거절감을 느꼈을 것이다. 거절감보다 더 큰 문제는 거절감을 가지면 자신을 온전히 바라보지 못하게 되는 것이다. 하와도 아담으로부터 거절받았음을 부정하기 위하여 자신의 죄를 뱀의 탓으로 돌렸다(창 3:13 참조).

거절감은 거절에 대한 두려움이기 때문에 다른 사람에게 쉽게 다가가지 못한다. 하나님이 우리를 먼저 사랑한다는 말씀을 쉽게 받아들이지도 못한다(요일 4:19 참조). 왜냐하면 사랑한다는 말씀보다는 거절당할 것에 대한 두려움이 더 크기 때문이다. 사랑 안에 두려움이 없고 온전한 사랑이 두려움을 내쫓는다(요일 4:18 참조). 하나님의 사랑을 경험하지 못하면 거절감이나 거절감에서 오는 두려움을 쫓아내지 못한다. 거절감에서 자유로워지려면 자신을 조건 없이 사랑하는 존재를 먼저 만나야 하는데 하나님의 사랑은 조건이 없다.

우리가 사랑함은 그가 먼저 우리를 사랑하셨음이라(요일 4:19).

하나님의 조건 없는 사랑을 어떻게 알 수 있을까?

여기서 안다는 뜻은 지식으로 안다는 뜻이 아니라 경험으로 알게 되어 사랑이 머리가 아닌 가슴으로 느껴지는 상태를 말한다. 하나님의 사랑을 가슴으로 경험하기 위해서 십자가를 통과하고 이기신 예수님을 만나야 한다. 예수님보다 더 큰 거절감을 느껴본 사람이 이 땅에서는 없는데 그 이유는 사랑하는 그의 백성과 하나님 아버지로부터 거절당했기 때문이다. 이스라엘 백성이 예수님을 거절한 이유는 예수님이 그들이 기대하는 왕의 모습으로 오지 않았기 때문이었다.

예수님이 가장 견디기 어려웠던 것은 사랑하는 백성의 거절이 아니라 하나님 아버지로부터의 거절이다. 하나님 아버지, 예수님과 성령님은 한 분의 하나님이시다. 하나님 아버지가 하나님이신 아들 예수를 거절한 것이다. 이러한 거절은 자녀가 부모로부터 받은 거절보다 더 큰 고통과 아픔이 되었는데 아버지 하나님이 아들 하나님을 거절했기 때문이었다. 예수님도 그 고통을 이기지 못하고 "나의 하나님, 나의 하나님 어찌하여 나를 버리십니까?"(마 27:46 참조)라고 십자가에서 외치셨다. 이러한 예수님의 모습을 본 어떤 사람은 "엘리, 엘리"(나의 하나님, 나의 하나님) 하고 하나님을 부르는 소리를 '엘리야'를 부르는 것으로 잘못 알아듣고 엘리야가 예수님을 구원하나 보자고 말하면서 예수님을 조롱하고 비웃었다(마 27:49 참조). 어떤 사람은 고통을 줄여줄 몰약을 탄 포도주를 주려고 했으나 예수님은 거부하고(막 15:23 참조) 거절의 고통과 아픔을 온전히 체험하셨다.

혹자는 예수님은 하나님인데 어떻게 죽으실 수 있는가라고 반문한다. 예수님은 죄가 없으시기 때문에 죽음이 임할 수 없다. 그러나 우리에게 있던 모든 죄가 예수님께로 넘겨졌기 때문에 죄로 인하여 죽으셨다. 예수님이 우리의 모든 죄를 넘겨받아 십자가 위에 계셨기 때문에 하나님 아버지는 예수님을 거절할 수밖에 없었다.

예수님이 십자가 위에서 "어찌하여 나를 버리시나이까"라는 외침은 예수님을 아버지 하나님으로부터 거절당했음을 알 수 있는 외침이다. 이러한 외침 후에 예수님은 "내가 목마르다" 하면서 우슬초 가지에 매달려 있는 신 포도주를 적신 해면을 입에 대신 후에 "다 이루었다" 하고 운명하셨다(요 19:28-30 참조).

어떤 이는 예수님의 죽음을 십자가 위의 두 강도와 비교하면서 예수님이 십자가에서 그들보다 어떻게 일찍 죽을 수 있느냐며 예수님의 죽음에 의문을 던진다. 하나님 아버지의 거절로 심장이 끊어지는 고통을 느꼈기 때문에 예수님은 다른 사람보다 더 빠르고 순간적으로 죽으셨다.

예수님께서 십자가 위에 달린 다른 사람들보다 일찍 죽으신 이유는 예수님께서 십자가 위에서 피를 많이 흘리셨고 손에 박힌 십자가가 그의 심장을 크게 압박했기 때문이라고 말하기도 하지만 이런 이유보다는 더 큰 이유는 하나님 아버지로부터 거절받아 예수님의 마음은 깨어졌고 산산조각 난 마음은 살 수 있는 능력을 완전히 빼앗아버렸기 때문에 일찍 죽으신 것이다.

또한 성경의 기록이 십자가 위에 다른 사람들보다 예수님이 더 일찍 죽었음을 증거한다. 아리마대 요셉이 빌라도를 만나 예수님의 시체를 달라고 했을 때 빌라도는 예수님이 그렇게 일찍 죽었을 리가 없다고 생각했기 때문에 예수님이 완전히 죽었는지 확인한 후에 시체를 주었다고 성경은 기록한다(막 15:43-45 참조).

예수님이 십자가에 죽자 어떤 일이 일어났는가?

하나님과 우리 사이를 가로막고 있던 죄가 해결됨으로 하나님과 화해할 수 있는 길이 열렸다. 성소의 휘장이 찢어졌다는 것은 그동안 하나님과 우리의 교제를 막고 있던 죄가 해결되었음을 상징하고 있으며, 성소의 휘장이 위에서 아래로 찢어졌다는 것은 하나님이 우리를 받아주어서 이제 하나님과 친밀하게 교통할 수 있는 문이 열렸음을 의미한다.

또한 예수님이 죽은 후에 무덤 문이 열려 잠자던 성도가 일어났다. 이는 무덤 속에 잠자던 성도가 일어났음을 의미하기도 하지만 우리의 영혼육이 예수님과 같은 영원한 생명을 갖고 일어날 것을 의미하기도 한다.

> 그때 갑자기 성전의 휘장이 위에서 아래까지 둘로 찢어지고 땅이 흔들리며 바위가 갈라지고 무덤이 열려 잠자던 많은 성도들이 살아났다. 그들은 예수님이 다시 살아나신 후 무덤에서 나와 예루살렘 성에 들어가 많은 사람에게 나타나 보였다(마 27:51-53, 현대인의성경).

예수님이 우리 대신 거절당하심으로 우리는 하나님과의 관계를 회복하여 사랑할 수 있게 되었다.

우리가 유아기에 거절감을 느끼는 이유는 부모의 기대대로 잘하면 부모의 지지를 받는다고 느끼고 잘못하면 부모의 지지를 받지 못한다고 느끼기 때문이다. 이런 아이는 성인이 된 이후에도 다른 사람의 눈치를 보게 되고 자신을 향한 비난과 비판을 두려워해서 먼저 상대를 거절한다.

자녀가 부모를 등지고 떠나면 그 심정이 어떠할까?

믿었던 사람에게 배신을 당하면 어떠한 마음일까?

> 그는(예수님은) 사람들에게 멸시와 천대를 받고 슬픔과 고통을 당하는 사람이 되었으니 사람들이 그를 외면하고 우리도 그를 귀하게 여기지 않았다. 그는 우리의 질고를 지고 우리를 대신하여 슬픔을 당하였으나 우리는 그가 하나님의 형벌을 받아 고난을 당하는 것으로 생각하였다(사 53:3-4, 현대인의성경).

십자가 위에서 거절당한 예수님과 비교하면 우리의 거절은 상대적으로 작게 느껴진다. 또한 거절을 당한 뒤에 예수님의 부활을 생각하고 우리도 예수님과 같이 부활할 것이라고 소망을 가지면 다른 사람의 거절을 두려워하지 않게 된다.

어떻게 거절에서 자유로울 수 있을까?

첫째, 예수님께서 십자가에서 하신 일을 받아들여야 한다.

예수님의 죽음과 부활로 인하여 그리스도를 믿는 사람은 더 이상 하나님으로부터 거절당하지 않고 하나님의 자녀로 수용된다. 하나님의 자녀로 받아들여졌다면 더 이상 다른 사람에게 받는 거절을 두려워하지 않게 된다. 때로는 하나님의 자녀가 되었음에도 불구하고 다른 사람에게 거절당할 것을 두려워하는데 이는 과거에 가까운 사람에게 받은 거절로 마음이 상해 있기 때문이다.

둘째, 거절로 인한 상한 마음이 건강해져야 한다.

상한 마음을 가지게 되는 이유는 무엇일까?

우선 출생 시 어머니로부터 거절당했기 때문이다. 어머니가 태아를 출산할 때 태아는 어머니와 단절을 경험하여 유아기에 어머니와 애착관계를 형성하려고 한다. 안정적인 애착을 형성하려면 유아는 어머니로부터 인정과 보호를 받아야 하지만 인정과 보호를 받지 못하게 되면 불안하거나 두려움을 느끼게 되므로 사람을 회피하게 된다. 거절을 두려워해서 나타나는 현상이 불안, 공격과 회피이다.

또한 자녀가 아버지로부터 안정감을 찾지 못하여 생긴 상한 마음은 거절감을 분노로 표현하게 되는데, 안정감이 있으면 다른 사람이 거절하더라도 분노하지 않게 된다.

상대가 거절하면 일반적인 분량보다 더 격하게 분노하는 사람이 있다. 이렇게 비정상적으로 분노하는 이유는 아버지로부터 안정감을 찾지 못하여 다른 사람의 거절로 인해 자신이 따돌림을 당할까 봐 두려워했기 때문이었다. 친구에게 따돌림을 받지 않으려고 밝은 모습을 보여주었고 친구의 환심을 받으려고 재미있는 이야기와 놀이를 했다.

그의 주변에는 언제나 많은 친구들이 모여 인기 많은 사람처럼 보였지만 다른 사람이 그를 거절할까 봐 두려워하고 있었다. 아버지가 그에게 안정감을 주지 못했고 이로 인하여 사람이 옆에 없으면 불안해했고 거절하면 분노했다. 거절당한다는 생각을 무의식 속에 깊이 묻어두었기 때문에 거절이라는 자극이 오면 생각은 더 이상 조절되지 못하고 분노라는 감정으로 표출된다.

어떻게 안정감을 찾을 수 있을까?

첫째, 비정상적인 분노가 표출이 되었을 때의 상황이나 사건과 대인 관계를 생각하고 이러한 비슷한 상황이나 사건이나 대인 관계에 연결된 분노가 언제부터 시작이 되었는지 하나님께 알게 해 달라고 기도한다.

기도하면 원인이 되었던 환경이나 사건과 연결된 대인 관계가 떠오르게 하나님이 역사하신다. 그리고 말씀을 선포하여 거절의 틈으로 들어온 사탄의 연결 고리를 예수 그리스도 이름으로 끊는다.

> 친히 나무에 달려 그 몸으로 우리 죄를 담당하셨으니 이는 우리로 죄에 대하여 죽고 의에 대하여 살게 하려 하심이라 그가 채찍에 맞음으로 너희는 나음을 얻었나니(벧전 2:24).

여기서 나음을 얻었다는 말은 영이 거듭남으로 인하여 육신의 질병과 부정적인 감정과 생각이 예수님으로 인하여 이미 건강하게 회복되었음을 의미한다.

둘째, 거절로 인하여 부수적으로 발생하는 화나 미움이나 저항 등의 부정적인 감정을 다루고 그리스도께서 이미 우리를 위하여 하신 일을 수용하면 또한 자신을 수용하게 되어 안정감을 되찾는다.

> 찬송하리로다 하나님 곧 우리 주 예수 그리스도의 아버지께서 그리스도

안에 하늘에 속한 모든 신령한 복을 우리에게 주시되 곧 창세 전에 그리스도 안에서 우리를 택하사 우리로 사랑 안에서 그 앞에서 거룩하고 흠이 없게 하시려고 그 기쁘신 뜻대로 우리를 예정하사 예수 그리스도로 말미암아 자기의 아들들이 되게 하셨으니(엡 1:3-5).

그리스도를 묵상함으로 거절에서 자유로워져야 우리가 안전하다고 느낄 수 있다. 거절로 인하여 혼자 있게 되고 자신에 대한 연민이 생기면 자신을 불행하다고 생각하여 우울감이나 무기력을 느끼게 되어 심지어 자살을 시도하기도 한다. 거절에서 자유로워지려면 거절이 어디에서 왔는지를 깨닫고 그리스도가 받으신 거절을 묵상하고(벧전 2:21) 거절한 사람을 축복하여 거절의 묶임에서 벗어나야 한다(롬 12:14 참조).

거절당한 사람이 거절한 사람을 축복해야 반복되는 거절의 저주에서 벗어날 수 있다. 또한 예수님의 죽음과 부활로 하나님께서 우리를 받으시고 하나님 앞에 흠이 없는 사람이 되었고 하나님의 자녀임을 온 세상과 사탄에게 선포할 때(엡 1:3-5 참조) 우리는 거절에서 자유롭게 된다.

하나님의 사랑을 의지적으로 선택하면 거절로 인한 상한 마음이 하나님의 사랑으로 치유되어 그리스도 안에 거하는 생명으로 주어지는 평안과 하나님의 자녀라는 소속감으로 안정감을 느끼게 된다. 하나님의 사랑은 부정적인 감정에 억눌리는 것이 아니라 자유로운 삶으로의 선택을 가능하게 한다.

선택 질문
① 사랑을 선택할 수 있는 이유는 무엇일까?
② 사랑은 어떤 동기로부터 시작해야 할까?
③ 거절감을 갖게 되는 선택은 무엇일까?

3. 용서 vs 분노

노하기를 더디 하는 것이 사람의 슬기요 허물을 용서하는 것이 자기의 영광이니라(잠 19:11).

대인 관계에서 오는 견고한 진을 무너뜨리기 위하여 다른 사람의 잘못을 용서하고 분노하지 말아야 한다. 용서하지 않으면 잘못한 사람을 미워하게 되고 미워하는 사람이 죽기를 바라는 마음까지 들게 되면 마음으로 살인 죄를 매일 짓고 살게 된다. 부부가 서로 죽이고 싶도록 미워한다면 매일 살인을 마음에 품고 살게 되어 마음이 지옥이 된다. 그래서 예수님은 용서하라고 한다.

그때 베드로가 나아와 이르되 주여 형제가 내게 죄를 범하면 몇 번이나 용서하여 주리이까 일곱 번까지 하오리이까 예수님이 이르시되 네게 이르노니 일곱 번뿐만 아니라 일곱 번을 일흔 번까지라도 할지니라(마 18:21-22).

예수님께서 용서하라고 하신 이유는 분노가 아닌 용서를 선택해야 마음이 지옥에서 천국으로 바꾸어지기 때문이고 용서하지 못하면 분노가 마음에 쌓이게 된다. 마음에 쌓여 있는 분노는 견고한 진이 되어 사탄이 진 안에 숨어들고 조정할 수 있기 때문이다.

1) 용서

너희가 사람의 잘못을 용서하면 너희 하늘 아버지께서도 너희 잘못을 용서하시려니와 너희가 사람의 잘못을 용서하지 아니하면 너희 아버지께서도 너희 잘못을 용서하지 아니하시리라(마 6:14-15).

용서란 무엇일까?

용서란 과거에 받은 상처에 대하여 복수나 앙갚음을 하지 않는 것이고 다른 사람이 지은 죄의 결과를 수용하여 함께 살기로 결심하는 것이다. 하나님은 우리 죄를 다시는 기억하지 않는다고 하신다(히 10:17 참조). 하나님은 잊어버리시는 분이 아니기 때문에 "다시 기억하지 않는다"는 뜻은 죄 때문에 우리에게 더 이상 대적하지 않으시겠다는 하나님의 결단이다. 용서는 망각이 아니다. 잊어버리려고 노력하면 할수록 더 기억이 또렷해진다. 잊겠다는 뜻은 용서의 결과이지 용서의 방법이 되지 못한다.

의지적으로 용서를 결단하여 선택하면 성령께서 우리 마음을 움직여 용서할 수 있도록 이끄신다. 용서는 어려운 일인데 그 이유는 하나님의 의가 우리에게 나타나기란 쉽지 않기 때문이다. 하나님의 의보다 자기의 의를 드러내는 게 더 쉬운데, 그것은 자신이 옳다고 생각하고 행하여 다른 사람에게 자신이 옳다고 인정받고 싶어 하는 안목의 정욕 때문이다(요일 2:16

참조). 그러나 하나님의 의는 자기의 의와 반대되는 것이므로 육신의 의지로는 행하기 어렵다.

용서는 육신의 의지로 선택하기 어렵지만 말씀이 동기가 되면 성령께서 도와주신다. 하나님은 할 수 없는 일을 우리에게 요구하지 않으시므로 우리가 의지적으로 선택하면 용서는 가능하다. 용서하지 않는 것은 다른 사람의 죄의 결과와 함께 살기로 선택하는 것이다. 그러므로 용서하지 않고 고통 속에 살거나 아니면 용서하고 자유롭게 살거나는 자신의 선택에 달려있다. 분명한 것은 예수님이 우리를 용서하셨음을 알아야 우리가 용서할 수 있다는 것이다.

> 하나님이 죄를 알지도 못하신 이를 우리를 대신하여 죄로 삼으신 것은 우리로 하여금 그 안에서 하나님의 의가 되게 하려 하심이라(고후 5:21).

그리스도가 우리 안에서 우리의 의가 되셨기 때문에 용서를 선택할 수 있다. 『용서와 화해』라는 글을 쓴 에버렛 워딩턴(Everett L. Worthington Jr)도 어머니가 집에서 청소년 강도에게 죽임을 당했을 때 용서하지 못하는 자신을 발견했다. 워딩턴의 동생 마이크가 어머니의 시신을 처음 발견했는데 워딩턴에게 어머니의 죽음에 대하여 다음과 같이 말했다.

> 앞문을 열고 거실로 들어가니 차마 믿어지지 않을 정도로 심한 난장판이었다. 복도에 들어서는 순간 벽에 피가 튀어 있고 어머니의 몸이 보였다. 밖으로 나와 경찰에 전화부터 했다. 실내가 아수라장이 된 것하며 낭자한 선혈이며 어머니 몸의 자세로 보아 아무래도 돌아가신 것 같았다. 쇠막대기에 맞아서.

또한 동생에게 경찰이 알려준 사실은 다음과 같았다.

경찰은 두 청소년을 용의자로 보았다. 어머니는 쇠막대기에 세 번 맞았고 피가 사방에 튀어 있었고 문과 벽은 물론 카펫도 흠뻑 젖어 있었다. 범인은 또 포도주 병으로 어머니를 때렸고 공범과 함께 집안을 완전히 쑥대밭으로 만들었다. 거울이며 유리며 모두 깨져 있었다.

동생 마이크는 형 워딩턴에게 경찰에게 들은 대로 말했다. 워딩턴은 그리스도인이며 상담 심리학자이지만 자신의 죄를 뉘우치지 않고 있는 범인을 용서할 수 없었다. 용서를 해야 하는 성경적인 이유도 알고 있으며 그 동안 수많은 부부와 개인들이 용서할 수 있도록 상담으로 도왔다.
그러나 막상 어머니의 죽음 앞에 어머니를 죽인 범죄자를 용서하기 어려웠다. 용서하기보다는 범죄자를 처단하고 가능하다면 직접 복수하고 싶었다고 그는 고백한다. 용서의 프로그램을 진행하여 타인들이 용서하도록 도와주었지만 자신에게 닥친 어머니의 죽음 앞에 살인자에 대한 태도는 용서보다는 복수였다.
이러한 그가 어떻게 살인자를 용서할 수 있었을까?
첫째, 용서하기로 결단했다.
둘째, 용서하고 싶지 않은 이유에 근거한 감정을 다루어 주었다.
셋째, 용서하고 싶지 않은 감정을 용서한다는 감정으로 대체했다.
그리스도 안에 온전히 거하려면 용서를 선택해야 한다. 그러나 용서를 해야 한다는 메시지는 수용하기 어렵다. 다른 사람에게 피해를 받으면 앙갚음을 하고 싶다. 받은 대로 돌려주고 싶다. 그것이 인간의 기본적인 성품이다. 특히 부모나 자녀를 죽음으로 내몬 사람이 있다면 용서하기란 어렵다. 원수는 외나무 다리에서 만난다고 한다. 그만큼 인간에게 용서란 피할 수 없는 숙제이고 어렵다는 이야기이다. 원수를 만나면 분노하는 것이 쉽지 용서라는 단어를 떠올리는 것은 어렵다.

어떻게 용서할 수 있을까?

첫째, 용서는 '그럼에도 불구하고 용서하겠다' 라는 의지적인 선택에서 시작된다.

감정적으로 용서하고 싶지 않더라도 용서를 선택해야 용서할 수 있다. 용서해야 하는 이유를 성경을 통하여 깊이 묵상하여 그리스도의 사랑을 경험해야 용서를 선택할 수 있다. 그리스도의 사랑을 경험하기 전에 먼저 해야 할 일이 있는데 용서해야 하는 사람으로부터 받은 상처와 분노가 무엇인지 알아야 한다. 만일 과거에 받은 피해로 생긴 부정적인 감정이 있다면 그리스도의 사랑을 충분히 경험하기 어렵기 때문이다.

그리스도의 사랑으로 용서해야겠다는 결단을 하면 용서를 해야 하는 이유가 눈에 들어온다. 전에는 가해자에 대한 분노 때문에 용서가 눈에 들어오지 않았더라도 가해자로부터 받은 부정적인 감정에 대한 이유를 생각하는 과정을 거치면 감정이 이성적으로 정리되어 용서해야 하는 이유를 깨닫게 된다.

> 너희가 사람의 잘못을 용서하면 너희 하늘 아버지께서도 너희 잘못을 용서하시려니와 너희가 사람의 잘못을 용서하지 아니하면 너희 아버지께서도 너희 잘못을 용서하지 아니하시리라 (마 6:14-15).

용서하지 않으면 분노뿐만 아니라 용서하지 못하는 스스로에 대한 죄책감과 수치감에 시달리기 때문에 용서해야 한다.

우리를 시험에 들게 하지 마옵시고 다만 악에서 구하옵소서(마 6:13).

용서해야 하는 이유는 하나님으로부터 용서를 받기 위함이고, 시험에 들지 않기 위함이고, 사탄의 악에서 구함을 받기 위함이다. 예수님이 가르치신 주기도문에서 용서에 대한 구체적인 이유가 분명히 드러난 것은 아주 중요한 문제이기 때문일 것이다.

둘째, 예수님께서 십자가에 달려 죽으심을 묵상하면 용서할 수 있다.
십자가에 대한 묵상으로 예수님의 사랑을 경험하게 되면 '용서'를 선택할 수 있는데, 그것은 자신이 먼저 용서 받았음을 깨닫게 되기 때문이다. 대부분 용서하지 못한 사람이 기억나도록 기도할 때 95%의 사람에게서 가장 먼저 떠오르는 사람이 부모라고 말한다(Anderson, 1990). 안타깝게도 가까운 사람에게 상처받는 것이 대부분의 경우이다.

여기서 간과하면 안 되는 점은 자신이 먼저 하나님께 용서받아야 하는데 용서하지 못하는 자신을 향하여 사탄이 끊임없이 고소한다는 사실 때문이다. 말씀에 어긋나는 마음을 품거나 행동을 할 때 사탄은 고소하는데 사탄이 고소하게 되면 고소하는 내용대로 우리가 경험하게 되기 때문이다. 그런 이유로 용서는 가해자를 위해서라기보다는 피해자를 위함이다.

용서하지 않으면 마음이 지옥이 된다. 어떤 교회에서 리더가 한 교인의 이유 없는 험담과 욕설에 힘들어졌다. 리더는 아무 이유 없이 욕하고 험담하는 그를 용서할 수 없었다. 그의 험담으로 리더십은 무너지고 억울한 누명까지 쓰게 되었다. 리더는 그를 용서할 수 없었고 마음에는 분노가 가득 찼다. 차라리 죽고 싶었다. 죽고 싶다는 마음이 하늘에 전달되었는지 리더는 큰 교통사고를 당하고 병원에 입원하게 되었다.

리더는 기도 중에 두 가지 깨달음이 있었는데, 그리스도인이 죽고 싶다는 마음을 갖게 되면 죽음은 언제든지 찾아올 수 있게 된다는 것과 원수를 용서하지 않으면 마음이 지옥으로 변한다는 사실이었다. 마음이 지옥이 되면 가해자가 행했던 죄보다 더 큰 죄를 지을 수 있기 때문에 성경은 분명히 용서를 선택할 것을 밝힌다.

셋째, 그리스도와 친밀한 관계를 맺어야 용서할 수 있다.

사탄은 인간이 서로 용서하지 않기를 원하고 용서하는 것을 막으려 하는데 용서가 시작되면 그리스도와 친밀한 관계를 맺기 시작하기 때문이다. 그리스도와 친밀한 관계를 맺으면 사랑을 경험하여 분노가 사그라들어 용서를 선택할 수 있고 더 나아가 가해자를 축복할 수 있게 된다. 용서할 수 없는 사람을 저주하면 사탄의 고소로 인하여 저주가 피해자에게 돌아가지만, 용서할 수 없는 사람을 축복하면 사탄이 고소하지 못하여 그리스도 안에 있을 때 주어지는 축복을 누리게 된다.

또한 예수님은 일반적인 용서에서 더 나아가 원수를 사랑하라고 하신다.

> 너희 원수를 사랑하며 너희를 미워하는 자를 선대하며 너희를 저주하는 자를 위하여 축복하며 너희를 모욕하는 자를 위하여 기도하라 (눅 6:27b-28).

원수를 용서할 수 있더라도 사랑하기는 어렵다. 그러나 그리스도의 사랑이 원수를 미워함을 덮기 때문에 사랑할 수 있다. 용서하기 어려움을 뛰어넘는 하나님의 사랑을 선택하는 것은 삶의 모든 영역에서 이루어져야 할 일이다.

닐 앤더슨은 용서하기를 바란다면 다음과 같이 해보라고 했다(Anderson, 1990).

<용서의 12단계>

1. 상처를 준 사람의 이름을 적자.
2. 상처와 상처로부터 온 감정이 무엇인지 깨닫자. 상처로부터 온 감정을 다루기 위하여 상처를 준 사람의 행위와 감정을 분리하자. 사람을 미워하지 말고 그 행동을 유발하는 악한 세력을 직시하자.
3. 십자가의 의미를 깨닫자. 그리스도께서 십자가에 죽으심은 죄를 용서하기 위함이요, 악한 세력으로부터 자유롭게 하심이다. 그러므로 악한 세력으로부터 자유로워지기 위하여 용서해야 한다.
4. 자기의 짐은 자기가 지기로 결정한다. 즉, 우리가 져야 할 짐은 앙갚음하지 않는 것이기 때문에 그러지 않겠다고 결단한다. 결단은 감정과 무관하다. 감정은 남아 있지만 분노하지 않겠다는 결단이다.
5. 분노나 피해받은 일로 인한 상한 감정이 정리되면 용서를 선택하자. 용서는 의지의 행동이며 상대방의 책임을 면제해 주며 자신을 과거로부터 해방시키는 의식적인 선택이다.
6. 용서할 목록을 하나님께 드리고 기도하자. '하나님 아버지, 저는 누구의 이러한 죄를 용서합니다' 라고 기록하고 기도하자.
7. 용서를 기록한 목록을 찢자.

8. 용서했더라도 용서한 사람이 변화할 것이라고 기대하지 말자.

9. 용서한 사람을 이해하자. 그들도 악한 세력의 피해자이다.

10. 용서한 후에 하나님의 약속이 이루어지기를 기대하자.

11. 용서를 선택한 결과로 얻는 장성함에 대해 하나님께 감사드려라 (롬 8:28-29 참조).

12. 당신이 받아야 할 하나님의 책망을 받아드려라. 하나님과 사람들에 대한 당신의 실수를 고백하라(요일1:9 참조). 만약 어떤 사람이 당신에게 원한을 품고 있다면 그 사람을 찾아가서 용서를 빌라(마 5:23-26 참조).

상처의 결과로 얻은 영적 성장과 배운 교훈을 깨닫고 용서의 12단계를 통하여 용서를 실천해 보자. 용서할 수 없었다면 하나님께 받은 은혜를 바라보고 감사하자. 또한 상한 마음이 지속되어 남아 있는 부정적인 감정에 대한 책임은 자신에게 있다는 것을 인정하자.

2) 분노

분을 내어도 죄를 짓지 말며 해가 지도록 분을 품지 말고(엡 4:26).

분노에는 두 가지의 종류가 있다. 생존적인 분노와 파괴적인 분노이다.

첫째, 생존적인 분노는 위협으로부터 자신을 보호하기 위한 것으로서 대부분 극단적인 상황에 처하거나 갑작스러운 위협을 받을 때 혹은 해결 방안이 없을 때 나타나는 분노이다. 이 분노는 생존에 도움을 준다.

둘째, 파괴적인 분노는 분노를 통제하지 못하고 분노가 자신의 생각이나 감정을 통제함으로 나타나거나 혹은 위협적인 상황에 대한 지속적인 상상으로 인하여 자신뿐만 아니라 타인에게도 위협이 될 때 나타나는 분노이다.

분노는 위협에 대한 생화학적인 반응으로서 위협적인 상황에서 '싸울 것인지 혹은 도망갈 것인지'(To fight or to flight)를 선택하게 된다. 타인에게 피해를 입었을 때 가해자를 용서하거나 분노할 수 있다. 용서가 가해자로부터 피하여 전능자의 그늘 아래 피하는 선택이라면 분노는 가해자와 싸울 것을 선택할 때 나타나는 감정이다.

분노의 생리학적 반응은 이렇다. 동맥 속에 아드레날린이 들어가서 심장 박동을 빠르게 하고, 혈압을 높이고, 동공이 커지고, 손에 땀이 차며, 입안은 바싹바싹 타 들어가고, 근육에 갑자기 폭발적인 에너지가 공급된다. 위협적인 상황을 간헐적으로 상상할 때 자신도 모르는 사이에 이러한 생리학적 반응이 일어나고 이러한 호르몬이 방출되기 시작하면 격렬한 감정을 억제하지 못하여 파괴적인 분노가 된다.

최근에 한국 사회에서 흔히 문제가 되는 것은 위협적인 상황에 있어서 선택하는 생존적인 분노가 아닌 파괴적인 분노이다. 파괴적인 분노는 우정, 결혼생활, 사회조직, 심지어 교회나 국가 등 개인과 공동체를 가리지 않고 파괴하게 된다. 타인에게 받은 위협이나 피해를 잊지 못하여 자신의 마음을 파괴할 뿐만 아니라 타인을 향하여 분노를 표현한다. 이러한 분노는 파괴적인 분노로 바뀌어 자신의 행동을 통제도 못하고 책임지지도 못하게 되어 반사회적인 행동으로 발전하게 된다.

또한 파괴적인 분노는 타인을 사랑하지도 타인에게 사랑을 받지도 못하여 대인 관계를 깨뜨린다. 자신의 삶을 파괴하고 타인에게 해를 끼칠 수 있는 치명적인 감정이며 분노가 계속되면 쉽게 중단할 수도 없고 억누를 수도 없기 때문에 분노에 중독이 된다. 분노로 인하여 자신의 모든 행동과 사고를 지배당하므로 분노가 주인이 되어버리는 것이다. 더 이상 스스로를 통제하기 어려운 상황이 된다.

분노로 인하여 타인에게 적개심을 갖게 되면 분노를 정당화하기 위하여 자신은 맞고 타인은 틀리다는 비틀린 자만심을 갖게 된다. 또한 분노를 정당화하기 위하여 궤변을 늘어놓기도 하고 의인임을 나타내기 위하여 과도한 행동을 보이기도 한다. 이렇게 의기양양한 모습을 보이는 이유는 타인에게 받은 피해로 인하여 생긴 실망과 자괴감을 이길 수 없기 때문이다.

문제는 분노로 인하여 나타나는 자기 기만적인 행동과 생각은 자신의 솔직한 마음과 다르기 때문에 거짓이 되고 거짓이 지속되면 거짓이 사실인 양 망상으로 발전할 수 있다. 또한 가해자를 용서하지 못하기 때문에 가해자가 아닌 다른 사람에게 가해자에게 하지 못했던 공격적인 행동을 하거나 거친 말로 비판하기도 하며 불특정 다수에게 분노를 표현하는 경우까지 생긴다. 또한 분노로 인하여 타인을 지배하거나 소유하려는 욕구가 강해져서 다른 사람의 마음을 교묘하게 다루어서 자신의 통제 아래 두려고 한다. 분노의 폐해는 사회적으로 쓴 독이 될 수 있다.

분노의 유형을 구체적으로 살펴보면 6가지이다.

① 화산폭발형
② 압력밥솥형
③ 마대자루형
④ 반항아형

⑤ 신문기자형

⑥ 회피형

첫째, 화산폭발형은 분노하고 뒤끝이 없다고 말한다.

둘째, 압력밥솥형은 화를 참고 있다가 한번 분노하면 무섭다.

셋째, 마대자루형은 분노가 터지면 그동안 쌓아놓았던 분노를 한꺼번에 터뜨린다.

"네가 이때는 이랬지, 그때는 저랬지" 하고 마음에 품어 두었던 상황을 마대자루에서 하나하나 꺼내듯이 상대방이 자신에게 가한 피해를 끊임없이 말한다.

넷째, 반항아형의 분노는 상대가 싫은 일을 골라서 함으로 괴롭힌다.

다섯째, 신문기자형은 상대방을 취조하듯이 궁지에 몰아넣고 조목조목 따진다.

여섯째, 회피형은 그 자리를 피함으로 분노를 표현한다.

분노와 미움을 구분해 보면 분노는 상대로부터 받은 피해로 나타나는 감정이지만 미움은 상대가 자신의 기대를 만족시키지 못할 때 나타나는 감정이다. 쌍둥이 형 에서는 동생 야곱의 속임수로 입은 손해 때문에 야곱을 미워하여 죽이려 했다.

에서와 야곱은 어머니 배 속에 있을 때부터 서로 싸웠다. 에서가 형으로 태어나고 야곱은 동생으로 태어났고 아버지 이삭은 에서를 편애하고 어머니 리브가는 야곱을 편애했다. 그들은 장성하여, 에서는 사냥꾼이 되었고 야곱은 조용한 사람이라서 장막에 거주했다. 사냥하고 난 후에 배고픈 에서가 붉은 죽을 먹고 싶어 하는 상황에 이르렀고 에서는 붉은 죽 한 그릇에 장자의 권리를 야곱에게 팔았다.

이삭은 죽음을 앞두고 에서에게 축복하기 전에 에서에게 사냥을 해서 별미를 만들어 달라고 했다. 이 말을 들은 리브가는 야곱이 이삭에게 별미를 만들어 가도록 했다. 리브가는 야곱이 에서처럼 보이도록 야곱의 손에 염소털을 입혀 이삭에게 보내었고 이삭은 야곱을 에서로 생각하고 축복했다.

야곱이 축복을 받은 후에 돌아온 에서는 이삭에게 축복을 받으려 했지만 아우가 속여서 에서의 축복을 빼앗았기 때문에 빌 복이 없다고 하자 에서는 이삭에게 남은 복을 달라고 했다. 야곱이 이삭을 속여서 장자의 축복을 받았기 때문에 에서는 야곱을 미워하여 죽이기로 작정했다. 이는 에서가 가진 야곱을 향한 분노였다(창 25:27-34, 27:1-29 참조).

에서의 분노를 피해서 야곱은 외삼촌 라반의 집에 거하게 되었다. 속이는 야곱은 자기보다 속임수에 더 능한 라반을 만나 14년이 넘도록 무임금 노동으로 고생하고 난 후에 자신의 몫을 달라고 했다.

> 오늘 제가 장인 어른의 가축 떼 사이로 두루 다니면서 모든 양 떼에서 얼룩진 것들과 점이 있는 것과 모든 검은 새끼 양을 가려내고, 염소 떼에서도 점이 있는 것들과 얼룩진 것들을 가려낼 터이니 그것들을 저에게 삯으로 주십시오. 제가 정직하다는 것은 훗날 장인 어른께서 저에게 삯으로 주신 가축 떼를 확인하여 보실 때에 증명될 것입니다. 제가 가진 것 가운데서 얼룩지지 않은 양이나 점이 없는 양이 있든지 검은 색이 아닌 새끼 양이 있으면 그것들은 모두 제가 훔친 것이 될 것입니다(창 30:32-33, 표준새번역).

야곱은 맡긴 양떼를 구분하여 튼튼한 양이 새끼를 밸 때는 물 먹이는 구유에 껍질 벗긴 가지를 놓아서 얼룩얼룩한 것과 점이 있고 아롱진 것을 낳게 했고, 약한 것이 새끼를 밸 때에는 그 가지를 두지 않았다. 그래서 약한 것은 라반의 것이 되고 튼튼한 것은 야곱의 것이 되었다(창 30:35-43).

이 일로 인하여 장인 라반의 노여움을 받은 야곱은 밤에 라반으로부터 도망해야 하는 처지에 이르렀다. 고향에는 에서의 분노가 기다리고 있었다. 야곱은 에서의 분노에서 자유로워져야 고향 땅으로 들어갈 수 있었다. 야곱은 형 에서의 분노와 장인 라반의 분노 사이에 놓여 있었다.

그렇다면 어떻게 분노에서 자유로울 수 있을까?

첫째, 분노했음을 인정해야 분노에서 자유로워진다.

자신이 화가 났다는 것을 모르면 분노를 해결할 수 없다. 분노를 시인하고 화가 났음을 인정해야 분노를 해결하기 시작한다. 분노를 더 잘 인식하기 위하여 감정을 관찰해야 하고 자신에게 정직해야 한다. 정직성은 자신에 대한 방어적인 태도를 중단할 때 찾아온다(Hart, 2005).

둘째, 복수심을 내려놓아야 한다.

일단 분노가 있음을 시인하고 인정했다면 그다음 단계는 가해자에게 상처를 되갚아 주고 거기서 만족을 얻고 싶어 하는 내적인 욕구를 다루어야 한다. 우리에게 상처를 줄 가능성이 있는 사람이면 누구든지 원수가 될 수 있다. 직장에서 관계가 껄끄러운 동료나 가정에서 남편, 부모, 친구까지도 쉽게 원수가 될 수 있다.

이때 상대에 초점을 맞추면 분노하게 되지만 그리스도를 의지하면 원수 갚겠다는 욕망을 내려놓을 수 있다. 왜냐하면 말씀에 따라서 원수 갚겠다는 욕망을 포기하면 그리스도가 우리 대신 원수를 갚아주신다는 말씀을 신뢰하기 때문이다(롬 12:19 참조).

셋째, 분노를 자신의 힘으로 해결하려 하지 않고 하나님의 능력으로 해결해 달라고 기도할 때 분노로부터 자유롭게 된다.

야곱이 돌아온다는 소식을 들은 에서는 많은 군대를 거느리고 야곱을 맞이하러 갔다. 야곱은 자신의 재산과 아내와 자녀들을 모두 에서에게 바쳐 에서의 분노에서 벗어나려 했다. 얍복 나루에 혼자 남은 야곱은 그날 밤새도록 어떤 사람과 씨름을 했고 그 사람은 자기가 야곱을 이기지 못함을 알고 야곱의 엉덩이 뼈를 어긋나게 했다. 그런데도 야곱은 그 사람을 놓지 않아 그 사람으로부터 축복을 받았고, 다음 날 에서 앞으로 간 야곱은 에서의 분노에서 자유함을 얻어 고향 땅으로 들어갔다(창 32, 33장 참조).

분노가 계속되면 견고한 진이 만들어져서 사탄이 우리를 조정할 수 있게 된다. 분노를 통하여 사탄은 우리를 통제하려고 하고 멸망시키고 죽이려 한다. 그러나 악을 악으로 갚지 않고 선한 일을 도모하려고 결단하고 선택하면 우리는 우리 힘으로는 할 수 없지만 성령의 능력으로 할 수 있게 된다.

> 아무에게도 악을 악으로 갚지 말고 모든 사람 앞에서 선한 일을 도모하라 할 수 있거든 너희로서는 모든 사람과 더불어 화목하라 내 사랑하는 자들아 너희가 친히 원수를 갚지 말고 하나님의 진노하심에 맡기라 기록되었으되 원수 갚는 것이 내게 있으니 내가 갚으리라고 주께서 말씀하시니라 네 원수가 주리거든 먹이고 목마르거든 마시게 하라 그리함으로 네가 숯불을 그 머리에 쌓아 놓으라 악에게 지지 말고 선으로 악을 이기라 (롬 12:17-21).

분노의 원인이 된 생각을 그리스도의 사랑을 신뢰함으로써 경험한 생각으로 바꿀 때 견고한 진을 무너뜨릴 수 있다. 모든 인간관계에서 나타날 수 있는 위선, 거절, 분노에서 자유로워지기 위하여 정직, 사랑, 용서를 선택해야 견고한 진을 무너뜨릴 수 있고, 견고한 진을 무너뜨리면 우리가 그리스도 안에 거하여 육신에도 생명이 나타나기 시작한다.

선택 질문

① 용서하려면 무엇을 선택해야 할까?
② 용서하지 못하는 이유는 무엇일까?
③ 분노를 선택하면 어떻게 될까?

제4장

세 번째 선택: 깨끗하게 됨

1. 축복 vs 저주

> 내가 오늘 복과 저주를 너희 앞에 두나니 너희가 만일 내가 오늘 너희에게 명하는 너희의 하나님 여호와의 명령을 들으면 복이 될 것이요 너희가 만일 내가 오늘 너희에게 명령하는 도에서 돌이켜 떠나 너희 하나님 여호와의 명령을 듣지 아니하고 본래 알지 못하던 다른 신을 따르면 저주를 받으리라(신 11:26-28).

축복의 말씀을 기억하여 말씀의 권위에 순종함으로 생명의 길을 선택하며 살 것인지, 아니면 말씀을 무시하고 거짓을 선택함으로 사망의 길을 선택하여 살 것인지에 대한 선택이다. 자신을 매일 돌아보고 죄로부터 깨끗해짐을 선택하면서 사는 삶에 대해 생각해 보자.

애굽을 나와 광야에서 가나안 땅으로 들어가는 이스라엘 백성에게 모세는 가나안 땅에 놓인 축복과 저주를 말하고 있다. 여호와의 명령을 듣고 따르면 가나안 땅이 축복의 땅이 되지만, 여호와의 명령을 따르지 않게 되면 가나안 땅은 저주의 땅이 된다는 말씀이다(신 11:26-28 참조). 그러나 그리스도로 말미암아 우리는 율법의 저주에서 자유로워졌다(갈 3:13 참조).

그러면 율법의 저주에서 벗어나 하나님의 축복을 받으면서 살고 있을까?

약속이 이루어지는 축복을 누리면서 사는 사람도 있고 그렇지 못한 사람도 있다. 우리의 영은 율법의 저주에서 벗어났지만 육신이 죄성을 유지하고 있기 때문에 육신이 죄를 선택하느냐 아니면 말씀의 권위를 인정하여 따르느냐에 따라 축복과 저주로 갈라진다.

하나님은 자기의 백성이 고난받는 것을 즐기는 악한 하나님인가?

하나님은 선하신 분이다. 자기 백성이 고난 받는 것을 결코 즐기지 않는다.

> 예수께서 이르시되 네가 어찌하여 나를 선하다 일컫느냐 하나님 한 분 외에는 선한 이가 없느니라(막 10:18).

하나님이 선하시므로 자기 백성을 저주하지 않으시고 그리스도로 인하여 율법의 저주에서 자유로워졌다면 하나님과 함께 동행하는 복을 누려야 하는데, 저주를 받은 듯이 삶이 어려워 보이는 그리스도인이 있는 이유는 무엇일까?

말씀의 권위를 인정하고 축복의 말씀을 선택하고 사는지 아니면 말씀의 권위를 무시하는 선택을 하고 사는지에 따라 복을 누리기도 하고 저주받은 것 같은 삶을 살기도 한다.

1) 축복

나를 사랑하고 내 계명을 지키는 자에게는 천 대까지 은혜를 베푸느니라 (출 20: 6b).

그리스도께서 우리를 위하여 저주를 받은 바 되사 율법의 저주에서 우리를 속량하셨으니 기록된 바 나무에 달린 자마다 저주 아래에 있는 자라 하였음이라(갈 3:13).

말씀에 순종하여 이루어지는 축복의 약속이 있다.

이스라엘은 율법에 순종하면 축복을 받고 불순종하면 저주를 받았지만 그리스도가 율법의 마침이 되었다고 해서(롬 10:4 참조) 말씀에 순종할 필요가 없을까?

이는 믿음으로 의롭게 되었기 때문에 행함이 필요 없느냐는 질문이기도 하다.

율법의 저주에서 해방되었다고 우리가 순종하지 않아도 된다는 것은 아니다. 그렇다고 믿음이 율법의 저주를 끊지 못한다는 말도 아니다. 혹자는 율법의 저주를 근거로 하여 부모가 행한 불순종에 대한 죄를 끊어야 하고 끊지 않으면 부모 죄로 인한 저주가 자녀에게 이어진다고 말하기도 하지만 예수님이 우리의 죄를 대속하셨기 때문에 우리는 죄로부터 자유하다.

그러나 육신이 불순종할 때 주어지는 율법은 여전히 유효해서 '죄'가 아닌(죄는 예수님께서 십자가에서 이미 다 해결하셨기 때문에) '말씀'에 근거하여 사탄은 불순종한 그리스도인을 참소한다. 사탄의 저주는 그리스도께서 참소하는 자를 쫓아낼 때까지 계속될 것이다.

> 내가 들으니 하늘에 큰 음성이 있어 이르되 이제 우리 하나님의 구원과 능력과 나라와 또 그의 그리스도의 권세가 나타났으니 우리 형제들을 참소하던 자 곧 우리 하나님 앞에서 밤낮 참소하던 자가 쫓겨났고(계 12:10).

사탄이 저주하면 율법에 따라 저주가 육신에 임한다. 육신이 저주를 받는 이유는 '거듭난 영'은 영원한 생명을 가졌지만 육신이 사망 가운데 있기 때문이다. 또 가정에서 부모가 끊지 못한 죄성을 그대로 행동으로 옮기게 되면 자녀가 가정에서 죄를 배우게 되고 이것을 따라 하다가 습관이 된 자녀는 자신의 행동이 죄인지 모르기 때문에 율법에 따라 저주받게 된다. 따라서 성경에 기록된 축복의 말씀과 저주의 말씀을 기억해야 한다. 기억함으로 축복의 말씀을 따라 선택할 수 있다.

먼저 축복에 대해서 정리해 보면, 우리 뇌에 깊이 심겨 있는 죄의 습관을 말씀을 기억하여 말씀으로 죄의 습관을 씻어내는 것을 의미한다. 이는 융이 말한 '집단 무의식에 잠재해 있는 죄'에 물든 육신의 죄성과 죄된 관습을 말씀으로 씻어내는 것을 말한다. 집단 무의식 속에 잠재해 있는 죄의 생각이 말씀에 비추어 회개함으로 축복받은 선택을 하게 되고 말씀으로 생각을 돌리려는 것이다.

융은 무의식을 개인 무의식과 집단 무의식으로 나누었다(Hall & Nordby, 2004). 개인 무의식은 비의식적인 경험이다. 인식하지 못한 경험은 소멸되지 않기 때문에 마음에 남는다. 또 개인 무의식으로 인해 콤플렉스가 생길 수 있는데 이는 자아에서 분리된 작은 인격과 같이 작용하여 그 자체로 추

진력을 지니고 있어 우리의 생각과 행동을 조절하는 강한 힘을 가지고 있다(Hall & Nordby, 2004).

콤플렉스를 가지고 있다는 말은 마음이 무엇인가에 사로잡혀 있어 다른 것은 거의 생각할 수 없다는 뜻이고 '빠져 있다'는 말이 된다. 콤플렉스는 아동기의 정신적 충격으로 생겨난다. '어머니 콤플렉스'를 예를 들어 말하면 강한 어머니 콤플렉스에 지배당하고 있는 사람은 어머니가 말하고 느끼는 것에 극도로 민감하기 때문에 자신의 기대가 아닌 어머니의 기대를 채워주기 위한 행동을 시도 때도 없이 한다. 하나님이 지으신 피조물의 독특하고 온전한 모습으로 살지 못하는 것이다.

개인 무의식과 달리 집단 무의식이란 자신이 한 번도 경험하지 않았고 의식된 적이 없었던 것인데 조상의 경험이 자신에게 내려오는 마음이다. 조상으로부터 전해 내려오는 정신을 원시적인 이미지라고 하는데 원시적 이미지란 과거의 조상이 가지고 있던 이미지이다. 조상이 가지고 있던 개인적 이미지가 그대로 전달되는 것은 아니지만 종족 전체의 이미지가 개인에게 전달된다. 집단 무의식은 각각 개인의 조상이 경험했던 방식으로 사회를 경험하고 환경에 반응하는 잠재적 기능이 되므로(Hall & Nordby, 2004) 삶에 영향을 준다.

집단 무의식이나 개인 무의식 속에 남아 있는 부정적 자아상을 하나님의 형상, 자아상으로 바꾸기 위해 말씀이 자아와 육신을 찔러 쪼개야 한다.

하나님의 말씀은 살아 있고 활력이 있어 좌우에 날 선 어떤 검보다도 예리하여 혼과 영과 및 관절과 골수를 찔러 쪼개기까지 하며 또 마음의 생각과 뜻을 판단하나니(히 4:12).

말씀이 무의식을 찔러 영과 분리되어야 우리의 영이 육신의 죄성에서 벗어나고, 자아가 전통과 관습적인 사고에서 자유로워지고, 하나님이 주신 올바른 정체성으로 바뀔 수 있게 된다. 예를 들면 권세 있는 왕자가 왕궁에서 나가서 거지의 옷을 입고 있으면 세상은 거지로 대우하지만, 왕궁에 있는 왕자가 왕자의 옷을 입고 있으면 왕자로 제대로 대우하는 이치와 비슷하다.

하나님의 자녀로서의 정체성을 가지기 위해서는 어떻게 하는가?

첫째, 하나님의 집에 있어야 한다.

그러므로 이제부터 너희는 외인도 아니요 나그네도 아니요 오직 성도들과 동일한 시민이요 하나님의 권속이라(엡 2:19).

이는 여호와의 집에 섬겼음이여 우리 하나님의 뜰 안에서 번성하리로다 (시 92:13).

여기서 하나님의 권속이란 하나님께 속해 있는 하나님의 가족이라는 뜻이고 하나님의 가족이 있어야 할 곳은 그리스도 안이다. 하나님 자녀의 정체성으로 말씀을 따라야 그리스도 안에 있게 된다. 하나님의 자녀로 친밀한 관계를 선택하며 살게 된다. 예수님은 이렇게 말씀하셨다.

사람이 나를 사랑하면 내 말을 지키리니 내 아버지께서 그를 사랑하실 것이요 우리가 그에게 가서 거처를 그와 함께하리라 (요 10:27; 14:23 참조).

둘째, 구원의 길이 하나라고 받아들이고 믿어야 한다.

산의 정상에 오르는 길은 하나가 아니라 여러 개라고 말하면서 진리에 이르는 길이 여러 개라고 주장하는 사람이 있다. 또 어떤 사람은 여행지를 선택할 때 배로 갈 수 있고 비행기로 갈 수 있고 자동차로 갈 수 있다고 하여 진리가 여러 개라고 하는 등 그럴듯한 예를 들어 구원의 길이 여러 개일 수 있다고 말한다.

그러나 구원에 이르는 길은 예수 그리스도 한 분뿐이다. 구원에 이르는 길이 하나인 이유는 인간의 죄를 용서 받으려면 죄 없는 인간이어야 하고 하나님이 죗값을 치루지 않으면 인간의 죄를 하나님께 용서받을 수 없기 때문이다. 따라서 구원의 길이 하나라고 믿으면 하나님 자녀의 정체성을 가지게 된다. 그 이유는 하나님의 자녀된 정체성은 오직 한 분이신 하나님으로부터 알게 된 진정한 정체성이며 본질이기 때문이다.

셋째, 세상에서 하나님의 자녀로 대우 받기 위해 육신에 걸쳐진 옛사람의 옷을 벗어버려야 한다.

분함, 노여움, 악의, 비방, 부끄러운 말, 거짓말과 옛 사람의 행위를 벗어버려야 한다.

> 그러나 이제 여러분은 그 모든 것, 곧 분노와 격분과 악의와 훼방과 여러분의 입에서 나오는 부끄러운 말을 버리십시오. 서로 거짓말을 하지 마십시오. 여러분은 옛 사람을 그 행실과 함께 벗어버리고 새 사람을 입으십시오(골 3:8-10a, 표준새번역).

그리스도 안에 있어 육신의 옛 사람의 행실을 벗고 새 사람의 옷을 입어야 하나님의 자녀로 대우받는다. 새 사람의 옷은 말씀에 따라 사는 삶의 방식을 의미한다.

그리스도 안에 있으려면 예수님이 하나님의 아들이심과 죄 없는 온전한 인간이심을 믿어야 할 뿐만 아니라 육신에 익숙한 죄된 행동을 벗어버리고 성령이 주시는 옷을 입어야 한다. 그래야 하나님의 자녀로서의 신분이 이 땅에 나타나서 하나님이 약속한 축복을 이 땅에서 누리면서 산다. 우리가 구원을 받으면 이 땅에서 더 살 의미가 없다고 생각하지만 하나님께서 이 땅에 살게 하신 이유는 천국을 이 땅에서 경험하고 살면서 더 성숙한 하나님의 자녀로 성장하기 바라기 때문이다.

축복의 말씀을 알고 믿어야 축복의 말씀이 이루어진다.

약속된 축복의 말씀은 무엇일까?

첫째, 하나님의 상속자가 된다(롬 8:17).

그러므로 네가 이 후로는 종이 아니요 아들이니 아들이면 하나님으로 말미암아 유업을 받을 자니라(갈 4:7).

하나님의 상속자는 썩지 않고 죽지 않는 것을 입어(고전 15:53 참조), 사망을 이기며(고전 15:54, 참조) 사탄과의 싸움에서 사탄을 멸하셨으며(히 2:14 참조), 약속된 축복의 말씀이 육신에 이루어져 승리하게 하신 하나님께 감사하게 된다(고전 15:57 참조). 하나님의 상속자가 축복의 약속이 삶에서 이루어지는 것을 보려면 육신의 박해를 이기고 성령을 좇아 살아야 한다(갈 4:29-30 참조).

둘째, 영광을 받는다(롬 9:23 참조).

하나님의 영광은 현재의 고난과 비교할 수 없다. 고난이 주는 유익과 축복은 생명의 길에서 다시 서술하겠지만 고난이 주는 축복은 우리가 상상할 수 없을 정도로 놀랍다.

하나님의 영광은 무엇일까?

영광은 하나님의 사랑이 영혼육에서 나타나 그의 나라가 사랑으로 가득차게 되는 것이다. 영으로 하나님의 자녀일 뿐만 아니라 육으로 하나님의 자녀가 되는 영광을 얻었기 때문이다(롬 8:16 참조).

셋째, 죄와 사망에서 육신이 해방된다(롬 8:2 참조).

죄의 문제는 이미 예수님이 지신 십자가에서 해결되었지만 육신이 죄의 영향을 받기 때문에 자유롭지 못했는데 육신의 죄로부터 자유로워지면 영원한 생명을 얻게 된다.

넷째, 그리스도 안에서 온전히 거할 때 누리는 하나님 자녀의 축복을 성령님이 보증하신다(엡 1:14).

> 이 성령은 하나님의 소유인 우리가 완전히 구원받을 때까지 우리의 상속의 담보이시며, 우리로 하여금 하나님의 영광을 찬미하게 하십니다
> (엡 1:14, 표준새번역).

약속하신 축복을 누리기 위해 무엇을 순종해야 할까?

첫째, 생명 있는 말을 해야 한다(잠 8:6 참조).

죽고 사는 것이 혀의 힘에 달렸나니 혀를 쓰기 좋아하는 자는 혀의 열매를

먹으리라(잠 18:21).

하나님은 말로 이 땅을 창조하셨다(창 1:3-31 참조). 우리는 하나님의 형상에 따라 지음을 받았기 때문에(창 1:27 참조) 우리의 말에 또한 창조적 능력이 있다.

이와 같이 혀도 몸의 작은 지체이지만 엄청난 일을 할 수 있다고 자랑을 합니다. 보십시오, 아주 작은 불이 굉장히 큰 숲을 태웁니다(약 3:5, 표준새번역).

만약 주어진 운명이 있다면 운명을 거슬러 올라갈 수 있는 방법이 혀에 있다. 마치 연어가 알을 낳기 위해 물을 거슬러 올라가는 것처럼 말로 다른 사람을 저주하기보다는 축복하고 하나님께 불평하기보다는 찬양해야 한다(약 3:9-12 참조).

이스라엘 백성이 애굽에서 구원을 받고도 가나안 땅의 축복을 누리지 못하고 광야에서 죽은 이유도 말 때문이었다. 하나님을 원망하면서 가나안 땅에 들어가지 못하고 광야에서 죽을 것이라고 말하면서 하나님을 원망했기 때문이었다.

여호와의 말씀에 내 삶을 두고 맹세하노라 너희 말이 내 귀에 들린 대로 내가 너희에게 행하리라 너희 시체가 이 광야에 엎드러질 것이라 너희 중에서 이십 세 이상으로 계수된 자 곧 나를 원망한 전부가 여분네의 아들 갈렙과 눈의 아들 여호수아 외에는 내가 맹세하여 너희에게 살리라 한 땅에 결단코 들어가지 못하리라(민 14:28-30).

생사의 선택이 말로부터 비롯된 것이다.

둘째, 믿음으로 순종해야 한다(약 1:22 참조).

아브라함도 부르심을 받았을 때 믿음으로 순종하여 나갈 때 약속의 땅을 유업으로 받게 되었다(히 11:8-9 참조). 순종이란 보이지 않지만 먼저 발을 내딛는 일이다. 요단강을 건너기 위해 한 발을 먼저 담그는 믿음의 순종이 필요했다. 결국 순종으로 요단강 물이 끊어지고 길이 열려 건너갈 수 있었다.

또한 사울이 아말렉을 진멸하라는 하나님의 명령에 순종하지 않고 아각과 그의 양과 소의 가장 좋은 것과 기름진 것들을 남겨놓은 것을 본 사무엘은 사울에게 "순종이 제사보다 낫다"고 했다(삼상 15:22 참조).

셋째, 그리스도 안에 거할 때 신명기 28장의 축복을 누릴 수 있다(시 118:26).

하나님은 우리를 모든 민족 위에 뛰어나게 하실 것이고, 자녀와 토지의 소산과 짐승의 새끼가 복을 받을 것이며, 창고가 채워질 것이며, 들어와도 나가도 번창할 것이며 머리가 되고 꼬리가 되지 않게 하신다(신 28:1-14 참조). 그리스도 안에 거하기 위해 그리스도의 생각으로 푹 잠겨 있어야 한다.

넷째, 서로 사랑해야 축복을 누린다(요일 4:12).

'서로 사랑하라'는 예수님이 주신 새 계명이고 이 계명을 지켜야 육신에 그리스도의 생명이 넘치게 된다(요 13:34; 고후 4:11 참조). 그리스도의 생명이 넘쳐야 약속된 축복이 임하는데 원수도 사랑하라고 명령한 이유는 사랑해야 그곳에 하나님이 계시고 하나님 자녀 되는 축복이 임하기 때문이다(눅 6:35 참조). 미워하거나 분노하는 마음에 하나님의 축복이 임하지 않기 때문이다. 서로 사랑하려면 긍휼, 자비, 겸손, 온유와 오래 참음의 옷을 입고 있어야 한다.

그러므로 너희는 하나님이 택하사 거룩하고 사랑받는 자처럼 긍휼과 자비와 겸손과 온유와 오래 참음을 옷 입고(골 3:12).

긍휼, 자비, 겸손, 온유와 오래 참음은 사랑의 속성이다. 그리스도 안에서 육신의 옛 옷을 벗고 성령의 새 옷을 입으면 온전히 그리스도 안에 거하게 되며 약속하신 축복의 말씀이 이루어진다. 왜냐하면 온전히 그리스도 안에 거하고 말씀에 따라 순종하면 사탄이 조정할 수 없기 때문이다.

그러나 불순종하면 사탄이 조정하기 시작하여 약속된 축복의 말씀이 이루어지지 못하게 되며 발꿈치가 상하게 된다(창 3:15 참조). '발꿈치가 상한다'는 뜻은 이 땅에서 사탄의 전쟁 포로로 살 수 있다는 뜻이 될 수 있다. 성령에 따라 믿음으로 순종할 때 이 땅에 사는 삶은 그리스도가 말씀하신 축복이 이루어질 것이다. 순종을 선택하면 하나님은 사탄을 우리 발 아래 두실 것이다(롬 16:19-20 참조).

2) 저주

너를 위하여 새긴 우상을 만들지 말고 또 위로 하늘에 있는 것이나 아래 땅에 있는 것이나 땅 아래 물 속에 있는 것의 어떤 형상도 만들지 말며 그 것들에게 절하지 말며 그것들을 섬기지 말라 나 네 하나님 여호와는 질투하는 하나님인즉 나를 미워하는 자의 죄를 갚되 아버지로부터 아들에게로 삼사 대까지 이르게 하거니와 나를 사랑하고 내 계명을 지키는 자에게는 천 대까지 은혜를 베푸느니라(출 20: 4-5).

그리스도인이 저주를 받을 수 있을까?

저주를 받을 수 있다는 뜻은 하나님의 약속을 이루면서 살지 못한다는 뜻이다. 거듭난 사람의 몸은 성령의 전이어서 사탄이 절대로 소유하지는 못하지만 말씀에 불순종하는 그리스도인의 육신을 조정할 수는 있다.

> 너희 몸은 너희가 하나님께로부터 받은 바 너희 가운데 계신 성령의 전인 줄을 알지 못하느냐 너희는 너희 자신의 것이 아니라(고전 6:19).

또한 사탄이 육신을 조정하면 육신의 정욕에 따라 살기 때문에 육신은 사탄의 통제를 받아 저주 아래 있게 된다. 이렇게 되면 사탄은 그리스도인의 것을 도둑질하고 저주하여 그리스도인은 생명을 타인에게 나타내지 못하게 된다(요 10:10 참조).

어떻게 사탄이 육신의 정욕이 깃든 마음을 조정할 수 있을까?

첫째, 죄가 몸을 지배하게 되면 사탄은 육신을 통제할 수 있다.

바울은 죄가 몸을 지배하지 못하도록 그리스도인에게 경고하고 있다(롬 6:12 참조). 사망의 법과 성령의 법이 마음에서 싸우고 있음을 알았고, 육신의 정욕이 성령의 법을 이기게 되면 악을 행하게 되고 죄를 행하면 사탄이 육신을 조정할 수 있다고 말한다(롬 7:21-23 참조).

특히 육체의 정욕에 따라 행동하게 하는 사탄을 무시하거나 가볍게 생각하면 안 된다고 한다. 왜냐하면 정욕에 따라 행하고 성령의 법을 무시하거나 가볍게 여기면 그 틈을 노려 사탄은 그리스도인의 육신을 조정하려 하기 때문이다.

특별히 육체를 따라 더러운 정욕 가운데서 행하며 주관하는 이를 멸시하는 자들에게 형벌할 줄 아시느니라 이들은 당돌하고 자긍하며 떨지 않고 영광 있는 자들을 비방하거니와(벧후 2:10).

사탄은 정욕을 통하여 육신을 통제한다.
둘째, 사탄에게 틈을 주면 마음을 조정할 수 있다.

사탄에게 틈을 주지 말라(엡 4:27).

바울이 틈을 보이지 말라고 경고한 이유는 사탄은 육신의 틈새로 영향력을 행사하기 때문이다. 육신의 틈이란 지나친 염려나, 불안, 또는 두려움과 분노 등의 부정적인 감정이나 하나님을 의심하는 생각 등이고 부정적인 생각이나 감정이 들면 사탄이 그리스도인을 조정할 수 있다.
셋째, 하나님 이외의 다른 신이나 우상을 섬긴다면 저주를 피할 수 없다.

그들이 이방 신을 섬겨서 주님께서 질투하시게 하였으며 역겨운 짓을 하여 주님께서 진노하시게 하였다(신 32:16, 표준새번역).

사탄의 저주를 받은 삶은 비참하다. 사탄이 저주할 수 있는 원인이 되는 행동이나 말은 다음과 같다.

① 우상숭배(고전 10:14 참조).

점집에 가거나 다른 우상을 섬기거나 맹세가 저주의 원인이 된다.

② 거짓 교사나 거짓 선지자를 따르는 종교나 비밀스러운 조직에 가입하는 행위(계 21:8 참조).

③ 부모를 공경하지 않거나 불순종하는 행위(엡 6:2-3 참조).

④ 약한 자에 대한 압제나 억압(출 22:21-22 참조).

⑤ 복된 자를 저주하는 행위(창 12:3 참조).

하나님은 아브라함에게 "너를 저주한 자를 저주하고 너를 축복한 자를 축복하겠다"고 하셨다.

⑥ 자신을 향한 부정적인 말이 저주의 원인이 된다(약 1:21 참조).

"나는 죽고 싶어, 나는 절대로 착한 일을 하지 못해, 이런 일이 내게 항상 일어나"라는 말이 그대로 자신을 향한 저주의 말이 된다.

⑦ 상위 권위자가 하위 권위자에게 뱉은 말(약 3:9-10 참조).

부모가 자녀에게 "망할 놈, 멍청한 놈" 등의 말로 자녀에게 쏟아부으면 어려움을 겪는다. 성경에서는 야곱이 외삼촌이자 장인인 라반에게 "장인 어른 댁의 수호신상을 훔친 사람이 있으면 그를 죽여도 좋다"고 했다(창 31:32 참조). 남편이 한 저주의 말이 수호신을 훔친 아내에게 그대로 이루어져 라헬은 베냐민을 낳다가 죽게 된다(창 35:18 참조).

⑧ 무속신앙에 의존하는 행위 뱀이나 용 등 부정한 것을 몸에 문신으로 새기는 행위(신 4:16-18 참조).

모세는 54개 저주의 목록을 이스라엘에게 가르쳤다.

구약의 저주는 지금도 유효할까?

성령의 약속을 받았기 때문에 거듭난 영은 율법의 저주에서 해방되었지만 육신은 아직 죄의 영향 아래 있기 때문에 육신을 향한 말씀의 저주는 아직도 유효하다. 바울은 말하기를 예수님이 오시기 전에는 모든 율법의 기록된 대로 행하지 않는 자는 저주 아래 있었지만 예수님이 오셔서 십자가에 죽으셨기 때문에 모든 율법의 저주에서 우리는 자유롭게 되었다고 한다(갈 3: 13-14 참조).

자유인이 되었다고 율법에 기록한 죄를 지어도 괜찮은 걸까?

바울은 죄에서 자유롭다고 해서 육신의 욕구에 따라 행하면 멸망의 길을 걸어간다고 한다(갈 5:13-15 참조). 이 말은 구원받은 사람이 육신의 욕구에 따라 산다고 구원을 잃는다는 말은 아니지만 육신의 죄로 인하여 이 땅의 삶이 순탄치 않게 됨을 뜻한다.

육신이 죄를 지으면 성령의 전이 몸인데 죄된 몸에 어떻게 성령이 계실 수 있겠는가(고전 6:19 참조)?

몸에 성령님이 계시지 못한다면 거듭난 영이 어두운 몸에 가려 영원한 생명을 육신에 전달하기 어렵기 때문에 육신은 사망의 저주에서 벗어나기 어렵다(갈 5:18-21 참조). 구원을 받았으나 육신이 사탄의 영향력 아래 있다면 안타까운 일이다.

저주의 종류는 크게 7가지로 나눌 수 있다(Prince, 2000).

① 수치를 당한다.

일터에서 사회에서 수치를 당한다(신 28:16 참조).

② 일한 대로 얻지 못하고 자녀의 축복이 없다.

네 광주리와 떡 반죽 그릇이 저주를 받을 것이요 네 몸의 소생과 네 토지의 소산과 네 소와 양의 새끼가 저주를 받을 것이며 네가 들어와도 저주를 받고 나가도 저주를 받으리라(신 28:17-19).

③ 병으로 고생한다.

하나님을 잊어 악하게 되면 "하나님이 너희를 전염병이 걸려서 죽게 할 것이고, 폐병과 열병과 염증과 무더위와 한발과 열풍과 썩는 재앙을 내려서 너희가 망할 때까지 치실 것이다"(신 28: 20-22 참조).

④ 가난으로 고생하고 계획하는 일마다 실패한다.

너희가 여자와 약혼해도 다른 사람이 그 여자와 동침하게 되고, 집을 건축하였으나 거기에 살지 못할 것이며, 포도원에 포도를 심었으나 열매를 따지 못할 것이다(신 28:30-31 참조).

또한 자녀를 다른 민족에 빼앗길 것이고, 너희의 땅에서 거둔 곡식과 너희의 노력으로 얻은 모든 것을 알지 못하는 사람이 먹을 것이고 사는 날 동안 압제를 받고 짓밟히기만 할 것이다(신 28:32-33 참조).

⑤ 싸움에서 진다.

적군은 너희 사는 곳을 포위하고, 너희가 믿던 높고 튼튼한 성벽을 헐고 원수들이 너희를 에워싸서 너희는 굶게 될 것이다(신 28:52-55 참조).

⑥ 머리가 되지 못하고 꼬리가 된다.

그는 네게 꾸어줄지라도 너는 그에게 꾸어주지 못하리니 그는 머리가 되고 너는 꼬리가 될 것이라(신 28:44).

⑦ 재앙이 끊임없이 생긴다.

너희와 너희의 자손에게 큰 재앙을 내릴 것이며 그 재난은 크고 그치지 않을 것이다(신 28:59 참조).

우리는 흔히 성경에서 축복의 말씀만을 듣고 싶어 하지만 하나님의 공의를 나타내는 말씀이 우리를 향해 경고하고 계심을 간과하면 안 된다.
어떻게 저주에서 자유로워질까?
첫째, 저주의 원인이 되는 생각이나 행위가 무엇인지 깨달아야 한다(고후 10:5 참조).
저주가 무엇인지 깨닫지 못하면 저주에서 자유로워지지 못한다.
둘째, 회개해야 한다(벧후 3:9 참조).
저주는 육신의 죄로 인한 것이기 때문에 죄를 회개하지 않으면 하나님과 멀어지게 되기 때문에 저주의 원인이 되는 육신의 죄나 악한 행위를 회개해야 한다.
이때 조상이 지은 죄까지 회개해야 할까?
어떤 분은 구원을 받으면 죄의 유전에서 해방되기 때문에 회개할 필요가 없다고 한다. 그러나 구원을 받아도 육신으로 내려오는 죄의 습성은 남아 있기 때문에 죄의 경향성을 차단해야 한다. 조상으로부터 내려오던 습관이나 가풍에 따라 저질렀던 죄의 유형을 살펴보고 죄를 깨달으면 죄의 경향성을 끊을 수 있다.

셋째, 사탄을 확실히 대적한다(약 4:7 참조).

사탄에게 강하게 맞서지 않으면 사탄은 쉽게 물러가지 않고 오히려 더 강하게 공격하려 할 것이다.

말씀으로 기록한 축복과 저주는 하나님께서 약속하신 말씀으로 그대로 이루어진다. 축복과 저주는 말씀에 근거하여 이루어지는 약속이기 때문에 우리는 육신의 죄를 매일 돌아보지 않으면 사탄은 언제든지 틈을 노리고 우리를 속여 죄를 짓게 하고 하나님과 멀어지게 할 것이다. 깨어 있어야 사탄을 대적할 수 있고, 깨어 있기 위하여 비록 고난을 당하여도 축복의 말씀을 붙잡고 사탄의 말과 속임수에 맞서야 한다(벧전 5:8-9 참조).

선택 질문

① 축복이란 무엇일까?
② 어떻게 축복을 선택할 수 있을까?
③ 저주를 선택하게 되는 이유는 무엇일까?

2. 순종 vs 미혹

우리는 하나님께 속하였으니 하나님을 아는 자는 우리의 말을 듣고 하나님께 속하지 아니하는 자는 우리의 말을 듣지 아니하니 진리의 영과 미혹의 영을 이로써 아느니라(요일 4:6).

　순종이란 자신이 진리를 선택하고 따를 뿐만 아니라 다른 사람이 순종하는 모습을 보고 진리를 선택하여 따르게 하며 자신도 기쁨으로 사는 것을 말하고 미혹이란 자신이 거짓을 선택하고 따를 뿐만 아니라 다른 사람도 거짓을 선택하여 따르도록 한다.
　같은 진리의 말씀을 들어도 어떤 사람은 순종하고 어떤 사람은 미혹당하는 이유는 무엇일까?
　진리의 영은 진리를 따르게 하고 미혹의 영은 거짓을 따르게 하기 때문이다. 말씀인 생명은 영이고 영은 말씀을 먹고 자라는데 하나님이 기뻐하시는 진리의 말씀을 들으면 진리의 영이 자라고 거짓된 말씀, 즉 육신을 기쁘게 하는 말을 들으면 미혹의 영이 자란다. 사도 요한은 적그리스도(요일 2:18)의 정체를 벗기기 위해서 영들을 시험하여 거짓 영과 진리의 영을 분별하라고 했다(요일 4:1-6 참조). 이는 진리의 말씀과 거짓의 말씀을 들을 때 구별하지 않으면 우리도 모르는 사이에 거짓 말씀이 마음에 자라서 미혹의 영이 자란다는 뜻이다.
　사탄은 진리에 순종하지 못하도록 진리의 말씀에 1%의 거짓을 섞거나 진리의 말씀을 의심하게 하는 질문을 하게 한다. 이렇게 되면 거짓과 진리를 오가며 살 뿐만 아니라 다른 사람도 자기와 같이 미혹의 길을 걷도록 한다. 진리를 따르려는 사람이 빠지게 되는 함정은 진리같이 보이는 거짓된 말씀이고, 이러한 함정에 빠지면 미혹에 빠지게 되어 진리와 거짓의 말씀을 구별하지 못하게 된다. 미혹에 빠지지 않으려면 자신의 말과 행동을 말씀에 비추어 스스로 돌아보고 영적으로 깨어 있어야 한다.

> 근신하라 깨어라 너희 대적 마귀가 우는 사자같이 두루 다니며 삼킬 자를 찾나니(벧전 5:8).

자신을 말씀으로 돌아보지 않으면 깨어 있지 못하여 사탄의 속임수에 넘어간다.

1) 순종

> 그러므로 우리가 저 안식에 들어가기를 힘쓸지니 이는 누구든지 저 순종하지 아니하는 본에 빠지지 않게 하려 함이라(히 4:11).

그리스도 안에 있으면 안식을 누릴 수 있는데 이 안식에 들어가기를 힘쓰라고 한다. 이는 진리의 말씀을 듣고 따르도록 노력하라는 뜻이다. 진리의 말씀을 따르려면 말씀의 권위를 인정해야 한다. 말씀의 권위를 인정한다는 것은 성경이 무오하다는 사실을 인정하는 것을 의미한다. 모든 성경이 하나님의 감동으로 기록된 것임을 믿지 않으면 성경의 권위를 인정하기 어렵다.

> 모든 성경은 하나님의 감동으로 된 것으로 교훈과 책망과 바르게 함과 의로 교육하기에 유익하니(딤후 3:16).

성경의 권위를 인정하고 진리의 말씀을 듣고 의심하지 않아야 순종할 수 있다. 진리의 말씀을 들어야 우리의 영이 진리의 영으로 자라게 되어 그리스도가 삶의 주인이 되면서 그분의 생각과 판단에 따른 삶을 살게 된다.

애굽에서 구원받은 이스라엘 백성도 광야를 지나 가나안 땅에 들어가기 위하여 하나님의 권위를 인정해야 했다. 하나님의 권위를 인정하지 않으면 광야에서 가나안 땅으로 들어가지 못했다. 하나님은 광야를 건너는 이스라엘 백성을 불기둥과 구름기둥으로 보호하셨다. 사막은 낮에는 덥기 때문에 구름으로 가리지 않으면 죽게 되지만 밤에는 기온이 떨어지기 때문에 불로 따뜻하게 하지 않으면 살 수 없다. 또한 매일 아침 만나와 메추라기를 하늘에서 보내셔서 매일의 양식을 공급하셨다.

하나님이 세밀한 인도와 보호하심을 베푸셨음에도 불구하고 그들은 하나님의 권위를 온전히 인정하지 못하여 원망했고 그 결과 여호수아와 갈렙을 제외한 모든 백성이 광야에서 죽게 되었다. 그들은 하나님의 권위를 의심하는 가나안 정탐의 정보를 듣고 하나님을 원망했고, 이로 인하여 하나님은 가나안 정탐 기간 40일의 하루를 일 년씩 환산하여 40년 동안 방황하게 했다(민 14:33-34).

이스라엘 백성이 하나님을 원망한 이유는 무엇일까? 왜냐하면 그들은 진리의 말씀이 아닌 거짓된 말씀을 귀 기울여 들었기 때문이었다. 가나안 땅을 정탐하기 위하여 이스라엘 각 지파별로 한 명씩 열두 정탐꾼을 보내었는데, 열 명의 정탐꾼은 가나안 땅에 거주하는 아낙 자손과 그들이 가진 병기와 말을 보고 이스라엘 백성은 메뚜기이고 가나안 땅 자손은 거인이기 때문에 가나안 땅을 정복할 수 없다고 보고했고(민 13:32-33 참조), 여호수아와 갈렙은 하나님이 함께하시기 때문에 가나안 땅을 정복할 수 있다고 보고했다(민 14:6-10 참조).

같은 상황과 환경을 보았는데 열 명은 환경을 보고 가나안 땅을 정복할 수 없다고 말했고, 여호수아와 갈렙은 약속의 땅을 보고 가나안 땅을 정복할 수 있다고 말했다. 열 명은 하나님의 권위를 무시하고 보이는 대로 말했고, 다른 두 명은 하나님의 권위를 인정하고 보이지 않는 하나님의 약속을 의지하여 믿음으로 말했다.

40년 광야 생활이 끝나고 원망했던 20세 이상의 이스라엘 백성들이 다 죽었을 때 하나님께서 이스라엘 백성을 광야에서 가나안 땅으로 인도하셨다. 가나안 땅을 들어가기 위하여 요단을 건너야 하는데 말씀의 권위를 인정해야 말씀을 들을 수 있고 말씀에 순종해야 요단강을 건너갈 수 있었다(수 3:14-17 참조). 홍해가 갈라지는 역사는 믿음으로 이루어졌지만 요단강이 끊어지는 역사는 순종으로 이루어지는 역사였다.

히브리서 14장에 홍해를 건너는 일은 믿음으로 이루어졌다고 기록하고 있지만 요단강을 건너는 일은 기록하지 않았는데 그 이유는 요단강이 끊어지는 역사는 믿음에 따른 순종이 필요했기 때문이다(히 11:29 참조).

> 믿음으로 그들은 홍해를 육지같이 건넜으나 애굽 사람들은 이것을 시험하다가 빠져 죽었으며(히 11:29).

하나님의 권위를 인정하지 않으면 귀를 기울이지 않아 순종하지 않게 된다.

어떻게 순종할 수 있을까?

첫째, 말씀의 권위를 인정하면 삶의 우선순위가 바뀌어 순종하게 된다.

말씀의 권위를 인정해야 말씀에 귀 기울이게 된다.

내 양은 내 음성을 들으며 나는 그들을 알며 그들은 나를 따르니 내가 그
들에게 영생을 주노니 영원히 멸망하지 아니할 것이요 또 그들을 내 손에
서 빼앗을 자가 없느니라(요 10:27-28).

말씀에 귀 기울이면 도둑인 사탄은 영원한 생명과 안식을 빼앗지 못한
다. 여기서 귀 기울인다는 뜻은 자신의 목소리보다 말씀에 더 비중을 둔다
는 뜻이고 말씀에 무게와 비중을 두면 말씀을 열심히 듣게 된다.

말씀을 열심히 듣는 것처럼 보이는데 순종하지 못하는 이유는 무
엇일까?

① 말씀을 들어도 거짓이 섞인 말씀을 듣기 때문이다.

거짓 교사나 거짓 선생 혹은 거짓 선지자가 하는 말을 듣기 때문이다.
거짓이 섞인 말씀을 듣는다는 뜻은 말씀으로 자신의 잘못이나 거짓을 정
당화하려고 한다는 뜻이고 말씀을 듣지만 하나님 중심으로 해석하지 않고
자기 중심으로 해석하여 듣는다는 뜻이다.

② 말씀을 듣고 있지만 두 마음을 가지고 듣기 때문이다.

'두 마음'의 뜻은 말씀을 듣고 믿는데 의심하는 마음으로 믿는다는 뜻
이다(약 1:6-8 참조). 또한 말씀을 머리로만 해석하면 순종하기 어렵다. 말
씀에 동의는 했지만 100% 말씀에 따르지 않아도 된다고 멋대로 해석하고
말씀의 권위를 무시하기 때문에 순종하지 못한다.

사울에게 아말렉을 진멸하라고 명령했는데 사울은 자신이 보기에 남겨
도 될 만한 아말렉 왕 아각과 기름진 양과 가장 좋은 소는 남겨 두었다.

사울과 백성이 아각과 그의 양과 소의 가장 좋은 것 또는 기름진 것과 어

린 양과 모든 좋은 것을 남기고 진멸하기를 즐겨 아니하고 가치 없고 하찮은 것은 진멸하니라(삼상 15:9).

사울이 자신이 보기에 가치 있다고 생각하는 좋은 것을 남겨둔 이유는 육신의 욕구에 따라 말씀을 듣고, 자신이 듣고 싶은 말만 선택하여 말씀을 듣고, 자기에게 유리하게 해석했기 때문이다.

둘째, 진리의 말씀과 거짓된 말씀을 구분해야 순종할 수 있다.

문화나 관습을 지배하는 사상이 말씀과 함께 들어오면 거짓과 말씀을 함께 듣게 되어 순종할 수 없다. 또 말씀을 자신의 노력으로 따르려고 하면 순종할 수 없다. 말씀을 자신의 노력으로 따르려면 마음에 '당위성'이 생기게 되고 말씀을 듣고 따르지 않고 의무감으로 말씀을 듣고 따르게 된다.

합당한 것이라도 해야 할 것과 하지 말아야 할 것이 말씀의 권위 아래 분별되어야 하는데 자신의 권위인 '당위성'으로 분별되면 순종이 의무가 되고 짐이 될 뿐만 아니라 자기 노력으로 자기 마음에 맞는 말씀만 따르려고 한다. 진리와 자신의 당위성이 섞이면 거짓과 말씀을 함께 듣기 때문에 순종하지 못한다.

셋째, 하나님의 책임과 우리의 책임을 구분해야 순종할 수 있다.

하나님께 맡겨야 하는데 초조해하거나 염려할 수 있다. 또한 자신이 아니면 안 된다는 잘못된 믿음으로 과중한 일을 하느라 정신없이 움직이게 되면(Thatcher, 1986) 하나님 뜻 가운데 말씀을 따르는 것이 아니라 자신을 나타내기 위하여 말씀을 따르기 때문에, 이것은 순종이 아니다. 그래서 하나님의 종이라고 자칭하는 사람들이 많은 사역을 했지만 오히려 하나님께서 하실 일을 하지 못하고 있다(마 7:21-33 참조).

넷째, 말씀을 온전히 들어야 순종한다.

'온전히 듣는다'는 뜻은 말씀의 권위를 인정하다는 뜻이며 마음으로 말씀을 듣는다는 뜻이다. 말씀의 권위를 인정하지 않으면 하나님을 경외하지 못하고 흘려 듣게 된다. 그러나 말씀을 존중하게 되면 말씀을 온전히 듣기 때문에 순종할 수 있다. 말씀을 들을 때 겸손한 마음으로 조심해서 들어야 온전히 듣고 행할 수 있다.

코칭 교육을 하게 될 때 상대가 하는 말을 100% 그대로 옮기는 훈련을 한다. 말을 들었는데 상대의 하는 말을 전체가 아닌 80%만 들어도 상대가 말한 의도를 정확하게 알 수 없다. 처음부터 상대의 말을 100% 옮기는 사람은 거의 없지만 귀를 기울여 한 마디 한 마디 정확하게 들으려 하면 상대의 말을 100% 옮길 수 있게 된다. 잘 듣는 훈련은 생각보다 쉽지 않은데 이는 다른 사람의 말을 들으려 하지 않는 인간의 본성이 있기 때문이다.

하나님이 이스라엘에게 순종을 명할 때 '삼가 들으라'라고 했는데 '삼가'라는 뜻은 겸손한 마음으로 조심스럽게 듣는다는 뜻이다.

> 이스라엘아 듣고 삼가 그것을 행하라 그리하면 네가 복을 받고 네 조상들의 하나님 여호와께서 네게 허락하심같이 젖과 꿀이 흐르는 땅에서 네가 크게 번성하리라(신 6:3).

말씀에 귀 기울이려면 말씀 하나하나를 조심스럽게 비중을 두고 들어야 하고 말씀 앞에 겸손해야 한다.

순종으로 받는 유익이 무엇일까?

첫째, 순종에는 보상이 있다.
순종하는 만큼 갚아주신다고 말씀하신다.
과연 얼마나 어떻게 갚아주실까?

> 또 내 이름을 위하여 집이나 형제나 자매나 부모나 자식이나 전토를 버린 자마다 여러 배를 받고 또 영생을 상속하리라 (마 19:29).

> 더러는 좋은 땅에 떨어지매 어떤 것은 백 배, 어떤 것은 육십 배, 어떤 것은 삼십 배의 결실을 하였느니라 (마 13:8).

순종의 유익과 보상은 실제적이며 놀랍다. 인생의 모든 순간순간에 순종의 보상과 상급이 삶의 곳곳에서 드러나게 된다.

둘째, 순종으로 안식을 누린다.
광야에서 말씀에 불순종한 이스라엘 사람들은 안식을 누리지 못했다.

> 내가 노하여 맹세한 바와 같이 저희는 내 안식에 들어오지 못하리라 (히 3:11).

이렇게 가나안 땅에 들어가 안식을 누리지 못하고 광야에서 죽게 된 이유는 말씀을 듣고 마음이 완고해졌기 때문이다 (히3: 7-11 참조).
마음이 완고해진 이유는 무엇일까?
자신의 생각과 판단을 고집하는 어리석음을 범했기 때문이다.
그리스도인이 누리는 세 가지 안식이 있다. ① 구원받았을 때 얻었던 과

거의 안식, ② 순종으로 얻는 현재의 안식, ③ 구원의 완성으로 얻는 미래의 안식이다. 구원을 받았을 때 얻는 안식이 죄에서 해방된 감격이라면, 순종으로 얻는 안식은 이 땅에서 하나님이 주신 기쁨을 누리는 안식이고, 구원의 완성으로 얻게 되는 미래의 안식은 하나님 나라에서 누리게 되는 영원한 안식이다. 그리스도 안에 거함으로 과거 현재와 더불어 하늘의 영원한 안식을 지금도 앞으로도 누리게 된다.

셋째, 순종으로 복을 누린다.

순종으로 하나님과 함께하는 복을 누린다.

> 하나님께 가까이 함이 내게 복이라 내가 주 여호와를 나의 피난처로 삼아 주의 모든 행적을 전파하리이다(시 73:28).

여기서 가까이 함이란 하나님 앞에 나아감을 뜻하고 순종을 의미하는데 이로써 하나님과 함께하는 복을 누리게 된다.

> 내가 사망의 음침한 골짜기로 다닐지라도 해를 두려워하지 않을 것은 주께서 나와 함께하심이라 주의 지팡이와 막대가 나를 안위하시나이다 (시 23:4).

말씀에 순종함으로 누리는 복은 하나님의 인도하심과 보호하심이다. 자신이 육신적으로 원하는 선택을 하지 않고 하나님이 원하는 선택을 하기 때문에 하나님이 그 인생을 책임지신다.

넷째, 순종으로 수치를 당하지 않는다.

또한 부딪히는 돌과 걸려 넘어지게 하는 바위가 되었다 하였느니라 그들이 말씀을 순종하지 아니하므로 넘어지나니 이는 그들을 이렇게 정하신 것이라(벧전 2:8).

순종하면 서게 되고 순종하지 않으면 넘어지게 된다는 뜻은, 순종하면 하나님께서 세워주시고 순종하지 않으면 엎드려 있게 한다는 뜻이다. 엎드려 있다는 뜻은 수치를 당한다는 뜻이다.

순종하지 않아서 수치를 당한 사람은 누구인가?

사울이다. 블레셋 사람에게 쫓기어 죽게 된 사울은 죽는 자리에서조차 블레셋에게 수치를 당할까 두려워서 그의 병사에게 찔려 죽었다(삼상 31:2-5 참조).

우리가 순종으로 누리는 유익을 얻으면 하나님께 감사하고, 감사함으로 하나님께 나가면 하나님 능력이 임한다. 듣는 말씀이 진리의 말씀인지 거짓된 말씀인지 구분하지 않으면 순종하지 못한다. 진리와 거짓을 구별하기 위하여 매일 자신을 돌아보지 않으면 육신의 죄가 몸에 쌓이게 되고 쌓인 죄로 인하여 진리와 거짓을 구분하지 못하게 되는데 언제부터 구분하지 못하게 되었는지를 알 수 없게 된다.

하나님의 자녀라면 진리의 말씀에 귀 기울여 듣고 순종하기 위하여 진리를 알아야 하는데, 진리를 알기 위해서는 말씀의 권위를 인정하고 겸손하게 말씀 하나하나를 조심스럽게 듣고 행해야 한다.

2) 미혹

그러나 성령이 밝히 말씀하시기를 후일에 어떤 사람들이 믿음에서 떠나 미혹하는 영과 귀신의 가르침을 따르리라 하셨으니(딤전 4:1).

미혹이란 속임을 당하여 거짓을 선택하고 자신이 따를 뿐만 아니라 다른 사람도 거짓을 따르도록 하는 것이다. 미혹의 사전적인 의미는 "무엇에 홀려 정신을 차리지 못하게 함, 정신이 헷갈려서 갈팡질팡 헤매게 됨"인데 정신이 혼미해지면 진리와 거짓을 구분하지 못하고 거짓을 따르게 된다.

거짓은 사탄의 기본적인 전략이다. 인간이 거짓을 듣게 되면 미혹되어 쉽게 거짓을 선택하고 따른다. 사탄은 미혹하기 위하여 먼저 말씀을 의심하게 되는 질문을 던져 우리를 속인다. 에덴동산에서 하와에게 접근한 뱀은 "참으로 너희에게 동산 모든 나무의 열매를 먹지 말라 하시더냐?"라는 질문을 던졌다(창 3:1 참조). '선악을 알게 하는 나무의 열매를 바라보고 왜 하나님께서 이 나무 열매를 먹지 말라고 하셨을까' 하는 하와의 궁금증을 더 유발시키는 질문이었다.

하나님은 "동산 각종 나무의 열매는 네가 임의로 먹되 선악을 알게 하는 나무의 열매는 먹지 말라"(창 2:17 참조)고 하셨는데 사탄은 "모든 나무의 열매는 먹지 말라고 하셨느냐"(창 3:1 참조)라고 말하면서 하나님의 말씀을 변개하여 "동산 각종 나무의 열매는 네가 임의로 먹되 선악을 알게 하는 열매는 먹지 말라"는 말에 의문을 가지도록 미혹했다.

미혹에 빠지지 않고 말씀을 의심하지 않으려면 진리의 띠를 허리에 둘러야 한다(엡 6:14 참조). 여기서 진리란 정직, 진실, 투명성과 솔직함을 말한다. 자신에게 정직하지 않거나 진실을 말하지 않거나 솔직하지 않아서 다른 사람에게 있는 그대로 보여주지 못한다면 사탄의 속임수에 넘어가게 된다. 거짓은 숨기는 것에서 시작되기 때문이다.

사탄은 자신을 숨기고 나타내지 못하게 함으로 거짓된 말을 들을 수 있는 토대를 마련한다.

> 너희는 너희 아비 사탄에서 났으니 너희 아비의 욕심대로 너희도 행하고자 하느니라 그는 처음부터 살인한 자요 진리가 그 속에 없으므로 진리에 서지 못하고 거짓을 말할 때마다 제 것으로 말하나니 이는 저가 거짓말쟁이요 거짓의 아비가 되었음이라(요 8: 44).

사탄이 속이는 다른 방법은 거짓 선지자나 거짓 선생의 가르침이나 거짓의 영을 보내어 거짓된 말씀을 따르게 하는 것이다. 거짓된 말씀에 귀 기울이면 나타나는 반응은 다음과 같다.

첫째, 말씀을 듣고 행하지 않게 된다.

> 너희는 말씀을 행하는 자가 되고 듣기만 하여 자신을 속이는 자가 되지 말라(약 1:22).

말씀을 들으면 자신에게 말씀을 먼저 적용하여 행해야 한다. 그러나 말씀을 듣고 다른 사람에게 말씀을 적용하면 말씀을 따르지 않게 되고 말씀을 듣고 따르지 않아도 되는 것처럼 여기게 된다. 왜냐하면 말씀을 들을 사람은 내가 아닌 다른 사람이고 자신을 합리화시켜 말씀을 듣고 따라야 할 사람도 내가 아닌 다른 사람이라고 생각하게 하기 때문이다.

둘째, 자신의 마음에 맞는 말씀만 듣는다.

거짓된 말씀은 하나님의 진리를 선포하지 않고 육신을 편하게 하는 말이기 때문에 말씀을 온전히 따를 필요가 없고 육신의 필요에 맞는 말씀만 들으면 된다. 이렇게 되면 말씀을 듣는 척하게 되는데 '척'은 하나님의 권위를 인정하지 않고 자신의 권위를 더 인정하기 때문에 나타나는 거짓된 태도이다. 100% 순종하지 않고 자신의 잣대로 80% 정도 순종해도 만족한다. "이만하면 되었어. 어떻게 더할 수 있어" 하고 스스로를 합리화한다. 순종은 'all or nothing'의 선택이다. 타협할 수 있는 대상이 아니다. 100% 순종하거나 순종하지 않거나이다.

셋째, 하나님의 눈치를 보지 않고 사람의 눈치를 보게 된다.

거짓된 말씀은 육신의 욕망만을 자극하고 하나님이 주시는 위로와 격려보다 사람의 칭찬을 더 받고 싶어 하게 된다. 하나님의 칭찬은 들을 수 없고 보이지 않지만 사람들의 칭찬은 눈에 보이고 들을 수 있기 때문이다. 다른 사람의 칭찬을 들으려 하면 자신의 모습을 정직하게 나타내지 못하고 다른 사람이 원하는 모습을 나타내게 된다. 다른 사람의 비위를 맞추려 하기 때문에 거짓된 태도와 행동에 익숙해지고 스스로는 외인처럼 느낀다.

어떻게 미혹될까?

첫째, 죄가 없다고 말하면 거짓에 미혹된다.

만일 우리가 죄가 없다고 말하면 스스로 속이고 또 진리가 우리 속에 있지 아니할 것이요(요일 1:8).

그리스도인의 영은 거듭나서 죄가 없는 상태지만 육체는 죄로부터 자유롭지 못하다(롬 6:12 참조). 매일 자신을 돌아보아야 하는데 이를 위하여 말씀의 권위를 인정하고 말씀에 귀 기울여야 한다. 만약 말씀의 권위를 인정하지 않고 육신이 죄를 지을 수 있다는 사실을 무시한다면 자신을 속이는 일이 된다(고전 10:12 참조).

둘째, 아무것도 아니면서 무엇이 된 것처럼 생각하면 자신을 속이게 되고 미혹된다.

하나님의 자녀이기 때문에 그리스도 안에서 모든 것을 할 수 있다(빌 4:13 참조). 모든 것을 할 수 있는 능력은 자신에게서 오지 않고 하나님으로부터 오는 은혜이다(고전 15:10 참조). 이것을 망각하고 하나님의 은혜로 하게 된 것을 자신의 능력으로 했다고 생각하면 자신을 대단하게 여기면서 자신을 속이게 될 뿐만 아니라 다른 사람도 속인다(고전 3:18 참조). 자신만 미혹되는 것이 아니라 다른 사람을 미혹하는 죄를 짓게 되는 것이다.

셋째, 하나님의 계시 없이 지혜가 있다고 생각하는 것은 지적 자만이고 거짓이며 이로 인하여 미혹된다.

자신이 지혜 있다고 말하면 어리석게 되어(롬 1:22 참조) 진리와 거짓을 구별하지 못하게 되기 때문이다. 의사가 전문적인 의학 지식에 의지하여 교만하게 되어 사소한 증상들을 무시한다면 자신의 지식에 속아 정확한 치료를 하기 어려운 것과 같은 예이다.

넷째, 심지 않았는데 거두려고 하면 자신을 속이는 일이 되고(갈 6:7 참조) 미혹된다.

자연법칙은 심는 대로 거두는 것이다. 말씀에 따른 질서와 순서를 무시하고 자신의 이익만을 취하려고 할 때 다른 사람을 속이고 자신도 미혹된다.

다섯째, 거짓 선지자나 거짓 교사를 통하여 미혹된다.

거짓 선지자나 거짓 교사는 초대교회부터 존재했다. 베드로는 거짓 선지자나 거짓 교사를 경계하라고 했고, 많은 사람들이 그들을 본받아 방탕하게 되고 그들 때문에 진리가 비방을 받게 된다고 했다(벧후 2:2 참조). 말세가 가까울수록 거짓 선지자가 많이 일어나 많은 사람을 미혹하기 때문에(마 24:11 참조) 우리는 거짓 교사나 거짓 선지자와 참 진리를 말하는 교사와 선지자를 구분할 수 있는 눈이 있어야 한다. 이 세대를 사는 그리스도인은 깨어 있어 분별하는 능력을 구해야 한다. 분별의 영으로 구별하지 않으면 혼란스러움에 노출되고 미혹에 빠지는 선택을 할 수 있기 때문이다.

여섯째, 거짓의 영으로 미혹된다.

그리스도의 보혈에 의지하여 회개한 그리스도인은 더 이상 정죄함이 없다. 하나님이 우리의 죄를 깨끗이 씻어주었는데 사단은 거짓의 영을 우리에게 보내어 어떤 죄는 용서받을 수 없다고 속삭인다. 거짓의 영은 죄에서 용서를 받기 위해 자신의 노력이 있어야 한다고 거짓을 말한다. 거짓의 영에 미혹되면 열심히 노력해서 다른 사람을 섬기거나 최선을 다해 예배를 드렸기 때문에 자신의 죄가 용서받았다고 생각하게 한다. 때로는 아무리 노력해도 죄책감을 씻을 수 없어서 극도의 죄책감에 시달리다가 극단적인 선택을 하기도 한다.

어떤 사역자가 육체적 관계를 맺은 자매와 헤어지게 되었다. 목회자의 길을 가야 하는데 자매에 대한 책임을 지지 못한 죄책감에 시달려 자살을 결심하게 되었다. 자살하기 전에 그는 마지막으로 평소에 좋아하는 신학교 교수를 찾아가서 상담을 했다. 교수는 그의 모습을 보고 상황의 심각성을 직감했다.

무엇 때문에 왔는지 교수는 조심스럽게 물었다. 그가 가진 죄책감에 대하여 말했을 때 교수는 "그 일이라면 내가 도와줄 수 있다"고 했다. 앞으로 죄책감이 들면 "그렇기 때문에 나는 그리스도의 십자가가 필요하다"고 외치라고 했다. 죄책감이 들 때마다 그는 진리의 말씀을 듣고 예수님의 구속을 묵상하고 선포하면 죄책감에서 자유로울 수 있었다. 성령이 우리를 도우시는 것을 의심하면 안 된다.

우리는 말씀에 순종하기 위하여 진리와 거짓을 구분해야 한다. 거짓이 섞인 말씀을 들으면 자신이 미혹될 뿐만 아니라 다른 사람도 미혹에 빠지게 한다. 미혹에 빠지면 하나님이 주시는 복을 누리지 못하게 된다. 우리 모두 진리의 말씀을 귀 기울여 듣고 권위에 순종해야 미혹에 빠지지 않게 된다.

> 불의한 자가 하나님의 나라를 유업으로 받지 못할 줄을 알지 못하느냐 미혹을 받지 말라 음행하는 자나 우상 숭배하는 자나 간음하는 자나 탐색하는 자나 남색하는 자나 도덕이나 탐욕을 부리는 자나 술 취하는 자나 모욕하는 자나 속여 빼앗는 자들은 하나님 나라를 유업으로 받지 못하리라 (고전 6:9-10).

미혹하는 사탄을 대적하려면 말씀이 무오함(틀린 부분이 없이 정확한 말씀임)을 인정해야 말씀을 겸손하게 듣게 되고 흔들림 없이 말씀에 귀 기울여 듣게 된다.

> **선택 질문**
> ① 순종이 선택인 이유는 무엇일까?
> ② 어떻게 순종할 수 있을까?
> ③ 순종하지 못하고 미혹에 빠질 때 어떤 선택을 했을까?

3. 생명의 길 vs 사망의 길

여호와께서 말씀하시기를 보라 내가 너희 앞에 생명의 길과 사망의 길을 두었노라 너는 이 백성에게 전하라 하셨느니라(렘 21:8).

축복과 저주의 말씀에 따라 자신을 돌아보아야 하고, 진리의 말씀과 거짓된 말씀을 구분하기 위하여 육신의 죄를 날마다 씻고 회개해야 한다. 그 결과 자신을 날마다 돌아보아 깨끗하게 하여 생명의 길로 가게 되지만, 자신을 돌아보지 않고 거짓에 속아 죄의 책임을 다른 사람의 탓이나 환경으로 돌리게 되면 사망의 길로 걸어가 사망이 나타난다.

생명의 길은 지금까지 육신이 습관적으로 선택했던 것과 다른 것을 선택해야 하기 때문에 어렵다. 육신은 편안하고 안정된 길을 선택하지만 생명의 길로 가려면 때로는 힘들고 어려워서 골짜기나 산 같은 고통스러운 상황을 넘어야 한다. 생명의 길을 가려면 육신의 의지를 꺾어야 하는데,

그 이유는 사망의 길은 넓고 편하게 보이고 육신이 가고 싶어 하는 길이라서 육신의 의지를 포기해야 선택할 수 있는 좁은 길이기 때문이다.

1) 생명의 길

생명으로 인도하는 문은 좁고 길이 협착하여 찾는 자가 적음이라(마 7:14).

생명의 길은 생명이 있는 길이고 좁고 험한 길이다. 이 이유로 찾는 자가 적다고 성경은 말한다.
생명은 무엇일까?
여기서 생명은 영이고 말씀이다.

내가 너희에게 이른 말은 영이요 생명이라(요 6:63b).

'좁은 길'은 사람들이 많이 선택하지 않는 길이라는 의미이며 또 '험한 길'이란 때로는 고난이 있는 길을 의미한다. 따라서 생명이 있는 사람 중에서도 소수의 사람만이 선택하며 때로는 고난과 고통이 함께하는 쉽지 않은 길이라는 뜻이다.
생명은 무엇일까?
예수님을 구세주로 영접하면 영이 생명을 얻고 말씀을 묵상하여 그리스도와 교제해야 육신에도 생명이 나타나게 된다. 말씀이 우리의 육신이 되려면 우리가 말씀에 빠져야 한다. 예수님이 제자들과 떡과 포도주를 나누면서 "내가 주는 떡은 나의 몸이고 너희가 이를 행하여 나를 기념하라"

(눅 22:19) 하시고, "이 잔은 내 피로 새운 새 언약이다"(눅 22:20)라고 하셨다. 예수님이 주신 떡은 말씀이고 포도주는 예수님의 피로 맺은 새 언약인데 그리스도를 구세주로 믿을 때 얻게 되는 생명에 대한 언약이다 (마 26:26-28 참조).

생명의 길은 좁은 길이다. 헤치고 나가야 할 고통과 외로움이 함께하는 좁은 길은 육신의 의지로 선택하기 어려운 길이다.

육신의 의지로 선택하기 어려운 이유는 무엇일까?

육신이 지금까지 한 번도 선택하지 않은 선택을 해야 할 수도 있기 때문이다. 선택하기 어려운 이유를 심리학적으로 설명한다면 영이 지시하는 명령을 뇌가 인식하지 못하기 때문이다. 생명의 말씀이 뇌에 전달되어야 육신이 사는데 영의 명령이 전달되는 뇌의 통로가 형성되어 있지 않았기 때문이다. 영의 생명이 무의식에 있기 때문에 영의 생명을 의식하려면 의식적으로 생명의 말씀에 집중해야 하고 생명의 말씀을 거부하려는 무의식의 저항을 이겨야 한다.

첫째, 생명의 말씀에 집중하여 혼과 육이 찔러 쪼개져야 한다.

말씀이 육신을 찔러 쪼개면 뇌에 전달되고, 뇌에 전달된 말씀이 마음으로 전달되면 육신을 통제하게 된다.

> 하나님의 말씀은 살아 있고 활력이 있어 좌우에 날 선 어떤 검보다도 예리하여 혼과 영과 및 관절과 골수를 찔러 쪼개기까지 하며 또 마음의 생각과 뜻을 판단하나니 지으신 것이 하나도 그 앞에 나타나지 않음이 없고 우리의 결산을 받으실 이의 눈 앞에 만물이 벌거 벗은 것같이 드러나느니라 (히 4:12-13).

말씀이 영을 찔러 쪼개는 현상은 겉으로 드러나 알 수 있는 변화지만 혼과 육을 찔러 쪼개는 현상은 자신만이 아는 내면의 변화이다. 말씀이 영을 변화시키는 것은 밖으로 나타나는 현상이기 때문에 복음을 전하는 사역을 할 때 쉽게 경험된다. 예를 들면 말씀이 영을 찔러 쪼개면 그리스도를 구원의 주로 영접하고 새로운 인생을 살기 시작하는 사람들을 보게 된다. 그들은 회개의 눈물을 흘리고 삶의 방향이 달라져 지금까지 살았던 방향과 180도 다른 방향으로 삶을 살기 때문에 겉으로 쉽게 알 수 있다.

그러나 말씀이 혼육을 찔러 쪼개는 현상은 내면의 변화로 자신만이 인식할 수 있다. 매일 자신을 돌아보아 육신의 죄를 깨끗게 하여 그리스도께 마음을 다시 돌려야 나타나게 되는 변화이고, 지성·감성·의지의 변화가 있어야 그리스도의 생명이 육신까지 전달된다.

어떻게 혼과 관절과 골수를 찔러 쪼갤 수 있을까?

말씀을 기초로 하여 그리스도와 친밀한 관계가 있어야 혼과 관절과 골수가 말씀에 의해 쪼개진다. 말씀이 혼과 육을 찔러 쪼개는 현상을 심리학적인 방법을 적용하여 설명한다면 '신경가소성'(neuroplasticity)의 원리로 설명할 수 있다(Siegel, 2016).

신경가소성이란 뇌가 경험에 반응하여 자신의 구조를 바꿀 수 있는 능력을 말한다. 여기서 '경험하여 반응'한다는 것이 핵심인데 이때 경험이란 하나님과의 관계적 경험을 말한다. 따라서 그리스도의 사랑을 체험하고 나누는 관계적인 경험으로 뇌의 전달 구조가 바뀌어 말씀이 뇌에 전달되면 육신이 반응할 수 있다는 뜻이다. 이러한 현상을 말씀이 머리에서 가슴으로 내려간다는 말로 비유한다. 많은 믿음의 사람들이 이러한 경험을 통해 내면이 변화되며 그 경험은 새롭고 놀랍다고 이야기하곤 한다.

그리스도와 친밀한 관계를 맺기 전과 맺은 후에 뇌의 전달체계가 새로 만들어져 뇌에 전달될 수 있는 말씀의 통로가 열려서 육신은 말씀에 반응하게 된다. 이렇게 되면 육신이 전달하는 명령과 그리스도의 생명이 전달되는 명령 가운데 익숙한 명령이 뇌에 더 빨리 전달되는데, 빨리 전달된 신호에 따라 육신은 반응한다.

구원받아 성화되면 생명의 신호가 육신의 신호보다 뇌에 더 빠르고 강력하게 전달된다. 생명 있는 말씀에 뇌가 민감하게 반응을 하면 할수록 생명의 길을 선택하게 된다. A 전선에 전류가 흘러 전구에 육신의 명령에만 따르는 빨간불이 들어왔다면 그리스도와 친밀한 관계를 맺으면서 그 전에 없었던 B 전선이 만들어지고 그 전선에 전류가 흐르게 되어 생명을 전달하는 파란불이 들어오게 된다는 뜻이다. 인생의 방향이 달라지는 것이다.

심리학적 이론에 따라 신경가소성을 믿는 상담가는 뇌의 신경이 손상되어 정신적 문제가 발생한 환자도 치료할 수 있다고 믿는다. 상담자와 환자 사이에 친밀한 신뢰 관계가 형성되면 이러한 관계를 통하여 손상된 뇌신경 대신 새로운 뇌신경이 형성된다. 그러면 환자는 환경에 적절하게 대처할 수 있고 다른 사람들과도 정상적으로 관계를 형성하여 일상생활을 정상적으로 할 수 있게 된다.

이와 마찬가지로 그리스도와 친밀한 관계를 맺게 되면 뇌에 새로운 신경 구조가 형성되고 말씀이 뇌에 전달되는 새로운 통로가 형성되어 육신 죄에서 점점 벗어나게 된다.

그렇다면 어떻게 예수님의 사랑을 알고 예수님을 사랑할 수 있을까?

첫째, 형제자매와의 사랑을 경험해야 한다.

사랑하지 아니하는 자는 하나님을 알지 못하나니 이는 하나님은 사랑이심이라(요일 4:8).

여기서 '안다'는 뜻은 사랑을 경험함으로 뇌가 인식한다는 뜻이다. 이웃과의 사랑을 경험하면 그리스도를 알게 되는데 이때 알게 되는 것이 그리스도의 사랑이다.

누구든지 그의 말씀을 지키는 자는 하나님의 사랑이 참으로 그 속에서 온전케 되었나니 이로써 우리가 저희 안에 있는 줄 아노라(요일 2:5).

그리스도를 알기 시작한다는 것은 뇌에 새로운 전달 체계가 형성되고 있음을 의미한다. 사랑에 근거한 이 전달 체계는 더 많은 사랑의 관계를 형성하게 된다.

둘째, 생명의 말씀을 거부하는 육신의 저항을 다루어야 한다.

육신의 저항을 다루기 위하여 믿음의 시련을 겪게 된다. 믿음의 시련으로 말씀을 더 신뢰할 수 있으며 말씀에 대한 육신의 저항을 이기게 된다.

그러므로 너희가 이제 여러 가지 시험으로 말미암아 잠깐 근심하게 되지 않을 수 없으나 오히려 크게 기뻐하는도다. 너희 믿음의 확실함은 불로 연단하여도 없어질 금보다 더 귀하여 예수 그리스도께서 나타나실 때에 칭찬과 영광과 존귀를 얻게 할 것이니라(벧전 1:6-7).

믿음의 시련으로 '근심'하게 된다고 하는데 근심은 시련 뒤에 오는 소망을 받아들이지 않으려는 육신의 저항이다. 육신의 저항을 다루려면 소망을 붙잡고 있어야 하는데 그러면 머리로만 이해하던 소망을 경험하게 되어 근심하지 않게 된다.

또한 믿음의 시련으로 '기뻐한다'고 한다.

어떻게 고난과 시련 중에 기뻐할 수 있을까?

고난을 통해 구원이 얼마나 영광스럽고 소중하며 기쁜 것인지를 경험하게 되기 때문이다. 고난으로 영혼이 깨끗해져 하나님을 닮아가는 기쁨이 생기고 고난에 대한 순종으로 영혼이 깨끗해져(벧전 1:22) 온전하게 되어감으로 알게 되는 기쁨이 있다.

오히려 너희가 그리스도의 고난에 참여하는 것으로 즐거워하라 이는 그의 영광을 나타내실 때에 너희로 즐거워하고 기뻐하게 하려 함이라(벧전 4:13).

예수님은 고난으로 순종함을 배워서 온전해졌다(히 5:8-9 참조). '온전하게 되었다'라는 말은 이해하기 어려운 말인데 원래 온전하신 예수님이 온전하게 될 수가 없기 때문이다. 여기서 온전하게 되었다는 것은 순종을 온전하게 배웠다는 뜻이다. 성부 하나님과 성자 하나님은 한 분의 하나님이시다. 예수님이 아버지께 온전히 순종하기 위하여 고난을 경험해야 했다는 말씀은 우리가 믿음의 시련을 경험할 때 어떤 태도로 고난을 맞이해야 온전해지는지 깨닫게 해준다.

그가 아들이시면서도 받으신 고난으로 순종함을 배워서 온전하게 되셨은

즉 자기에게 순종하는 모든 자에게 영원한 근원이 되시고 하나님의 멜기세덱의 반차를 따른 대제사장이라 칭하심을 받으셨느니라 (히 5:8-10).

믿음의 시련은 순종을 배우게 하고 순종을 배워 생명의 길을 선택하여 걷게 한다.

믿음의 시련을 이기기 위하여 어떤 태도를 가져야 할까?

고난 중에 예수님을 바라보고 신뢰해야 시련을 넘어가게 된다. 하지만 고난을 통해 말씀을 신뢰하기도 하지만 말씀을 의심하기도 한다.

왜 그럴까?

같은 믿음의 시련을 경험하더라도 고난 중에 하나님이 함께한다는 태도와 고난을 혼자 감당한다는 두 가지 태도가 있기 때문이다. 고난 중에 하나님이 함께하신다는 신뢰가 있으면 넉넉히 폭풍우를 뚫고 나가지만 혼자 겪는 고난이라고 생각하고 문제를 해결하려고 하면 폭풍우 앞에서 넘어지게 된다.

믿음의 시련을 넘어가면 하나님께서 알려주시고자 하는 교훈을 깨닫고 약속의 말씀이 이루어진다는 소망이 명확해져서 하나님을 더욱 신뢰하게 된다. 신뢰란 하나님이 어제나 오늘이나 내일이나 변함이 없으신 분이심을 알게 되는 것이다.

그러나 믿음의 시련을 넘어가지 못하고 쓰러지면 자신의 모습을 바라보고 화를 내기도 하고 환경이나 다른 사람 혹은 하나님을 탓하게 된다. '왜 나만 이러한 고난을 겪게 되는지'를 하나님께 묻게 되고 이 질문은 하나님을 의심하게 만들고 고난을 이기지 못하게 하여 절망하게 한다. 이것이 고난에 대한 우리의 반응을 돌아보아야 하는 이유이다.

고난을 하나님께 드리는 순종과 신뢰로 넘어야 육신의 저항인 근심을 다루게 된다. 육신의 저항을 다루게 되면 말씀에 육신이 반응하여 생명이 나타나게 된다. 또한 죄로 인한 고난이나 죄가 남긴 결과로 나타난 육신의 저항을 정리하지 않는다면 사망의 길을 선택하고 고집하게 된다. 그렇게 되면 아무리 생명의 길을 걷는다고 해도 육신의 죄성은 말씀을 거부하게 된다.

그러므로 말씀에 대한 육신의 저항으로 하나님을 의심하게 되고 부정적인 감정은 쌓이고 부정적인 생각이 굳어져 사망의 길을 선택하려 한다. 우리가 매일 죄를 깨끗하게 정리하지 않으면 죄성으로 나타나는 육신의 저항이 커져 간다. 작은 먼지를 치우지 않으면 큰 덩어리가 되어 몰아내기가 점점 어려워지는 것이다.

생명의 길로 가면 어떤 유익이 있을까?

첫째, 믿음의 시련을 통해 삶의 가치가 바뀐다.

루즈벨트는 39세에 소아마비로 중증 장애인이 되었다. 그는 그로부터 23년간 휠체어와 비장애인들에 의존해 살아야 했다.

만약 루즈벨트가 중증 장애인이 되지 않았다면 미국 대통령이 될 수 있었을까?

가능성이 있다. 왜냐하면 그가 소아마비에 걸리기 한 해 전인 38세 때 민주당 부통령 후보로 출마했기 때문이다.

그렇다면 그가 소아마비에 걸리지 않았더라도 20세기 역대 대통령들 중 가장 위대한 대통령이 될 수 있었을까?

이번에는 대답하기 어렵다. 왜냐하면 그는 무서운 고난과 역경을 통해 지도자가 되기에 꼭 필요한 고귀한 가치를 배워 정책에 반영했을 뿐만 아니라 국민을 계몽하고 교육했기 때문이다. 그에게 '장애'란 고난 속에 자신의 중요한 가치를 형성하게 된 기회였다.

둘째, 생명의 길을 선택하면 하나님의 사랑을 확증하게 되는 유익이 있다.

> 그러나 의를 위하여 고난을 받으면 복 있는 자니 그들이 두려워하는 것을 두려워하지 말며 근심하지 말라(벧전 3:14).

선택하기 어려운 생명의 길을 선택하여 걷게 되면 하나님의 사랑을 경험하여 가슴에 하나님의 사랑의 흔적을 간직한다(히 12:6 참조). 믿음의 시련은 우리가 하나님의 자녀임을 확신하게 되고(히 12:7 참조), 믿음의 시련을 넘어감으로 하늘의 소망을 경험하고(벧전 1:3), 하늘의 소망을 경험하여 알면 하나님의 사랑을 확증하게 된다(롬 5:8-11 참조). 하나님의 사랑이 확증되면 우리는 이 땅에서 하나님의 능력을 나타내면서 또 하나님의 능력을 경험하면서 힘 있게 살게 된다(벧후 1:3 참조).

셋째, 생명의 길은 온전하게 되는 길이다.

믿음의 시련은 인내를 만들고 인내로 인해 우리는 온전하고 부족함이 없게 된다(약 1:4 참조). 소망으로 인내할 수 있고(살전 1:3; 히 12:2-3 참조), 인내가 필요한 이유는 구원을 얻었지만 온전하게 되지 못하게 하는 악한 세력들의 방해를 넘어가기 위함이다.

> 근신하라 깨어라 너희 대적 마귀가 우는 사자같이 두루 다니며 삼킬 자를 찾나니 너희는 믿음을 굳건하게 하여 그를 대적하라 이는 세상에 있는 너

희 형제들도 동일한 고난을 당하는 줄을 앎이라(벧전 5:8-9).

소망을 굳건히 하기 위해 인내가 필요하고 믿음의 시련은 인내를 만든다(벧전 5:10; 약 1:3 참조).

소망은 어디에서 올까?

그리스도를 앎으로 평강을 갖게 되고(벧전 1:2 참조), 고난으로 인격이 성숙해지면 붙들게 된다(롬 5:4 참조). 즉, 고난을 잘 이겨내고 인내하여 인격이 성숙해지면 그리스도의 부활하심과 같은 모습으로 닮아갈 수 있다. 하나님은 어제나 오늘이나 내일도 동일하시고, 약속을 지킬 능력이 있으시고 신실하시기 때문에 고난에 대한 인내가 하나님의 약속을 이룬다는 믿음이 생긴다.

생명의 길은 우리가 온전하게 되는 길이다. 우리가 온전하게 되면 사탄이 더 이상 우리를 넘보지 못하고 그리스도가 주시는 평강과 위안과 기쁨을 누리면서 살게 된다. 우리는 평강과 위안과 기쁨을 세상으로 흘려보내 사망 속에 있는 영혼들에게 축복의 통로가 될 수 있다. 빛이란 생명을 말하며 생명의 길이란 말씀에 반응하여 생명이 우리의 영혼뿐만 아니라 육신에 나타나게 하는 길이다.

또한 사탄이 주는 유혹과 어둡고 거짓된 생각을 벗기 위해 자신을 매일 돌아보고, 이미 승리하신 그리스도를 믿고 사탄을 이겨 나갈 때 우리는 생명나무의 열매를 먹고 생명이 풍성하게 된다.

귀 있는 자는 성령이 교회들에게 하시는 말씀을 들을지어다 이기는 그에게는 내가 하나님의 낙원에 있는 생명나무의 열매를 주어 먹게 하리라(계 2:7).

> 예수께서 하나님의 아들이심을 믿는 자가 아니면 세상을 이기는 자가 누구냐(요일 5:5).

생명의 길에 대한 선택은 악한 세상을 이기는 지름길이다.

2) 사망의 길

> 멸망으로 인도하는 문은 크고 그 길이 넓어 그리로 들어가는 자는 많고 (마 7:13b).

사망의 길은 넓은 길이고 멸망의 길이며 사람이 쉽게 선택할 수 있는 길이다. 육신은 자신에게 이익이 되는 물질과 익숙한 것을 선택하기 때문이다. 영생을 얻으려고 찾아온 부자 청년에게 모든 소유를 팔고 예수님을 따르라고 했으나 청년은 예수님의 말씀에 따르지 못했다. 그는 부자로 살고 있으며 부유함에 익숙해졌는데 가난을 선택하라고 하니 쉽게 선택할 수 없었을 뿐만 아니라 가난을 두려워했기 때문이었다.

예수님은 제자들에게 "내가 진실로 너희에게 이르노니 부자는 천국에 들어가기 어렵다"(마 19:23 참조)고 하셨다. 이 말씀은 부자가 되지 말라는 뜻보다는 부자가 재물을 버리고 그리스도를 선택하기란 가장 어려운 일이다라고 해석된다.

그렇다고 가난한 사람이 그리스도를 선택하기 쉬울까?

가난한 사람도 부자로 살고 싶어 하기 때문에 가난이 지속되는 삶을 살라고 명령하면 생명의 길을 선택하기 어려울 것이다. 가난한 자가 가난을 선택하는 이유가 있다면 자신에게 있지 않고 하나님에게 있다.

> 내 사랑하는 형제들아 들을지어다 하나님이 세상에 가난한 자를 택하사 믿음에 부요하게 하사 또 자기를 사랑하는 자들에게 나라를 상속으로 받게 하지 아니하셨느냐(약 2:5).

가난한 자가 생명의 길을 선택하는 이유는 부자가 가난한 자를 업신여기지 않도록 하기 위한 하나님의 배려 때문이다.

사람이 사망의 길을 선택하면 즉시 멸망할까?

하나님이 오래 참고 계시기 때문에 즉시 멸망하지 않는다(벧후 3:9 참조). 하나님이 참고 계시는 그때 사망의 길이 아닌 생명의 길을 선택해야 한다. 사망의 길은 멸망하는 길이지만 넓고 화려한 길이기 때문에 생명의 길을 걷는 이에게 유혹이 된다. 시편 기자는 악인이 잘됨을 보고 악인이 가는 길을 걷고 싶다는 유혹을 받았다.

> 그들은 죽을 때에도 고통이 없으며 몸은 멀쩡하고 윤기까지 흐른다. 사람들이 흔히 당하는 그런 고통이 그들에게는 없으며 사람들이 의례히 당하는 재앙도 그들에게는 아예 가까이 가지 않는다. 오만은 그들의 목걸이요, 폭력은 그들의 나들이 옷이다. 그들은 피둥피둥 살이 쪄서, 거만하게 눈을 치켜 뜨고 다니며 마음에는 헛된 상상이 가득하며, 언제나 남을 비웃으며, 악의에 찬 말을 쏘아붙이고, 거만한 모습으로 폭언하기를 즐긴다. 입으로는 하늘을 비방하고 혀로는 땅을 휩쓸고 다닌다. 하나님의 백성마저도 그들에게 홀려서 물을 들이키듯, 그들이 하는 말을 그대로 받아들여, 덩달아

말한다. "하나님인들 어떻게 알 수 있으랴? 가장 높으신 분이라고 무엇이든 다 알 수 있으랴" 하고 말한다. 그런데 놀랍게도, 그들은 모두가 악인인데도 신세가 언제나 편하고 재산은 늘어만 가는구나. 이렇다면 내가 깨끗한 마음으로 살아온 것과 내 손으로 죄를 짓지 않고 깨끗하게 살아온 것이 허사라는 말인가?(시 73:4-13, 표준새번역).

시편 기자가 유혹을 받은 이유는 하나님으로부터 아무런 보상을 받지 못했다고 느꼈기 때문이다.

그러나 하나님께서 약속하신 보상을 받으리라는 소망이 생기자 악인의 종말을 알게 되어 시편 기자는 유혹에서 벗어나 생명의 길로 계속 걸어갈 수 있었다.

주님께서 그들을(악인들) 미끄러운 곳에 세우시며, 거기에서 넘어져서 멸망에 이르게 하십니다. 그들이 갑자기 놀라운 일을 당하고, 공포에 떨면서 자취를 감추며 마침내 끝장을 맞이합니다(시 73:18-19, 표준새번역).

사망의 길은 영원한 멸망의 길이지만 생명의 길은 영원히 사는 길이다.

그리스도인이 생명의 길을 걷고 싶어 하는데 사망의 길을 선택하게 되는 유혹은 무엇일까?

말씀의 약속이 이루어지지 못하도록 사탄이 막고 있기 때문이다. 악인은 저주를 받아야 하는데 하나님이 오래 참고 계신 틈을 이용하여 사탄은 저주를 축복같이 보이게 하기 때문이고, 그리스도인으로 하여금 하나님의 약속이 이루어지지 않는다고 속여 절망하게 만들기 때문이다. 사탄은 온

힘을 다해서 하나님의 약속이 이 땅에 이루어지는 것을 최대한 미루어 약속이 이루어지지 않는 것처럼 속이고 있다.

욥이 고난을 받게 된 이유는 사탄의 고소 때문이었다. 사탄의 고소 내용은 "욥이 어찌 까닭 없이 하나님을 경외할 수 있습니까"(욥 1:8-9 참조)였다. 욥이 살고 있던 시대는 아브라함과 비슷한 시대인데 그때 당시는 하나님을 좇아 살면 육신이 편하고 잘 산다는 생각이 지배적이었다.

하나님을 경외하는 이유가 하나님을 신뢰해서가 아니라 잘 살기 위함이라고 하면서 사탄은 욥을 고소했다. 그래서 하나님을 따르는 이유가 육신의 복이 아닌 하나님을 사랑하기 때문이라는 것을 욥은 세상에 보여주어야만 했다. 하나님이 욥을 사탄에게 넘겨준 이유는, 진정한 축복은 고난을 인내해야 받게 됨과 하나님과 동행함이 축복임을 하나님의 백성에게 가르치기 위함이었다.

고난을 이겨낸 욥은 귀로 듣던 하나님을 눈으로 보게 되었을 뿐만 아니라(욥 42:5 참조) 고난 전보다 더 큰 축복을 받았다(욥 42:10 참조). 고난으로 하나님의 더 큰 사랑을 경험하는 축복을 받게 된 것이다.

사탄의 고소를 받지 않으려면 어떻게 할까?

첫째, 사탄의 유혹에 넘어가지 않아야 한다.

사탄이 악을 행해도 그 악을 선으로 돌리시는 하나님을 믿어야 사탄의 유혹에 넘어가지 않는다. 악을 선으로 돌리시는 하나님의 능력을 '토브'(*toub*)라고 한다. 요셉의 형들은 요셉을 애굽에 팔아서 노예로 만들었지만 하나님은 형들의 악행을 선으로 돌려 요셉을 애굽의 총리대신으로 세워 그의 백성을 구하게 했다.

당신들은 나를 해하려 하였으나 하나님은 그것을 선으로 바꾸사 오늘과 같이 많은 백성의 생명을 구하게 하시려 하셨나니(창 50:20).

요셉은 그의 인생을 통해 하나님의 선하심을 경험했다. 사탄의 유혹을 이긴 요셉의 삶은 하나님과 함께하는 삶이 되었고 어디를 가든 형통해야 생명의 삶을 살게 되었다.

둘째, 사탄이 거짓말을 하기 때문에 유혹에 넘어간다.

생명을 사망이라고 사망을 생명이라고 거짓말한다. 또한 생명의 길로 가면 사망의 저주에서 벗어나지 못한다고 거짓말할 뿐만 아니라 생명의 길은 고통과 고난의 연속이라고 거짓말한다. 반대로 사망의 길이 안식과 기쁨을 주는 길이고, 사망의 길이 번영하는 길이라고 거짓말을 한다. 사탄의 거짓말을 받아들이면 유혹에 넘어간다. 생명의 길은 안식과 기쁨이 충만함에 이르는 길이다(히 4:10 참조). 생명의 길로 가면 안식과 기쁨을 얻어야 하는데 얻지 못하는 이유는 사탄의 거짓말에 속았기 때문이다.

셋째, 축복과 저주를 구분하지 못하면 유혹을 받는다.

축복으로 보이는 것이 저주가 되는 경우가 있고, 저주가 되는 것이 축복이 되는 경우가 있다.

하나님을 떠나 있는데 계속해서 사업이 잘 되면, 그것은 축복인가 저주인가?

반대로 하나님께 가까이 가고 있는데 직장을 잃게 되고 하루 하루 생계를 걱정하고 있다면, 축복인가 저주인가?

사탄은 축복과 저주를 눈에 보이는 물질로 판단하도록 유혹하기 때문에 매일 자신을 돌아보아 죄를 깨끗게 해야 축복과 저주를 구별하여 유혹으로부터 자유롭다.

넷째, 지연된 징계를 깨닫지 못하기 때문이다.

사탄이 하나님의 보좌와 세상 가운데 있어 징계를 막지는 못하지만 시간을 지연시킬 수는 있다. 하나님이 요나에게 니느웨로 가서 말씀을 전하라고 했는데 요나는 명령을 거절했고 하나님의 낯을 피하려 니느웨와 정반대 방향에 위치한 다시스로 가려고 했다. 하나님의 징계를 받아야 하는 때에 다시스로 가는 배가 '마침' 있었다(욘 1:3 참조).

요나는 어떤 생각을 했을까?

하나님이 다시스로 가는 배를 준비하셨다고 생각했을 것이다. '마침' 다시스로 가는 배가 있었던 것을 하나님이 준비한 징계가 아닌 복이라고 생각한 이유는 자신의 죄를 돌아보지 않았기 때문이었다. 다시스로 가는 배가 사탄이 준비한 배임을 깨닫지 못했던 요나는 큰 물고기 배 속에서 징계를 받았을 때 그 배가 사탄이 징계를 지연시키려 준비한 배임을 깨닫게 되었다(욘 2:2 참조). 죽음에 이르렀다고 생각한 큰 물고기 배 속에서 지연된 징계를 깨달았을 때 요나는 하나님께 구원을 구했고 그때 하나님의 은혜와 사랑을 경험하게 되었다.

다섯째, 하나님의 선하신 속성을 의심하기 때문이다.

죄가 있으면 하나님을 의심한다. 육신의 죄성은 하나님을 의심하는 질문을 받을 때 의심이 생긴다. 또한 육신의 죄성으로 자기 마음대로 생각하려는 경향성이 있다는 뜻이다. 또한 말씀대로 행하지만 자기의 기대대로 일이 이루어지지 않으면 하나님을 의심하기 시작한다.

사람이 마음으로 자기의 길을 계획할지라도 그의 걸음을 인도하시는 이는 여호와시니라(잠 16:9).

자신의 기대대로 판단하지 않고 하나님의 시각으로 판단할 수 있도록 매일 자신을 돌아보아 하나님을 바라보는 시각을 조정해야 한다. 사망과 생명을 분별하는 관점은 하나님이 선하시다는 전제에서 시작된다(시 100:5 참조).

여섯째, 세상의 임금이 사탄이고 하나님이 사탄보다 능력이 없다고 착각하기 때문에 유혹당한다.

예수님이 십자가에서 죽고 부활하여 이 땅에서 세상의 임금인 사탄은 이미 심판을 받았다(요일 3:8; 요 16:11 참조). 형에 대한 선고는 내려졌지만 형의 집행이 된 것은 아니다. 따라서 형이 집행되지 않았기 때문에 사탄은 아직 세상에 범죄자처럼 숨어 다닌다.

범죄자에게 법보다 주먹이 가깝다고 하는 것과 같이 세상에 숨어다니는 사탄의 주먹을 맞게 되면 하나님의 법보다 사탄이 가깝게 느껴져 사탄이 아직 세상 임금인 것처럼 착각하게 되어 유혹을 당한다. 사탄은 심판을 받았고(요 16:11 참조) 세상으로부터 쫓겨났는데(요 12:31 참조), 아직 세상의 임금으로 남아 있기 때문이다(엡 6:12 참조). 그러나 우리 안에 계신 성령님이 세상의 임금보다 크다(요일 4:4 참조).

> 주의 약속은 어떤 이들은 더디다고 생각하는 것같이 더딘 것이 아니라 오직 주께서 너희를 대하여 오래 참으사 아무도 멸망하지 아니하고 다 회개하기에 이르기를 원하시느니라(벧후 3:9).

크신 하나님은 세상에 숨어 있는 사탄을 이긴다.

일곱째, 쾌락을 기쁨으로 착각하기 때문이다.

생명의 길을 걸을 때 영적인 기쁨뿐만 아니라 육신의 쾌락을 같이 느낄 수 있는데 이때 영적인 기쁨보다 육신의 쾌락을 더 누리려고 하면 사탄의 유혹을 받는다. 사탄은 생명의 길을 걸어갈 때 주어지는 참 기쁨을 누리지 못하게 하게 하기 위해 육신의 기쁨에 쾌락을 섞어 넣는다.

쾌락을 기쁨이라고 착각하면 육신의 죄성은 쾌락을 추구하게 된다. 쾌락은 안식이 아닌 중독이 되는데 쾌락을 유지하기 위해 육신이 원하는 것을 더 채우지 않으면 참을 수 없게 되기 때문이다. 좋은 것 또한 중독이 되는데, 섬기는 일이 기쁨이 아닌 쾌락이 되면 중독이 될 수 있고 그렇게 되면 그 일을 자신의 의지로 끊지 못하게 된다.

그리스도인이 사망의 길을 선택하는 이유는 무엇일까?

그리스도인이 선 줄로 착각했기 때문이다. 생명의 길을 걷고 있다가 방심하면 사망의 길을 걷게 된다.

> 그런즉 선 줄로 생각하는 자는 넘어질까 조심하라 (고전 10:12).

방심이 교만으로 이어져 하나님 생각보다 자신의 생각을 더 높인다. 교만해지면 그리스도인에게 주어진 축복이 유보되어 넘어지게 된다.

> 하나님은 교만한 자를 물리치시고 겸손한 자에게 은혜를 주신다 하셨느니라 (약 4:6b).

교만하면 하나님보다 높아져서 사망의 길을 선택하게 된다. 그래서 매일 자신을 돌아보지 않으면 한순간에 방심하게 되고 자신도 모르게 사망의 길을 걷게 된다.

블레셋을 정탐하기 위해 기생 집에 머물렀던 삼손은 방심하여 기생 들릴라와 사랑에 빠졌다. 블레셋 여인 들릴라의 도움을 받은 블레셋은 삼손을 잡을 수 있었고 삼손의 두 눈을 뽑아 블레셋의 종으로 삼았다(삿 16:21 참조). 또한 하나님의 마음에 합한 다윗도 잠시 마음을 방심한 사이에 남편이 있는 밧세바와 동침하게 된다(삼하 11:2-5 참조). 믿음의 사람, 나실인이었던 이들의 방심은 우리에게 가르침을 준다. 우리가 배워야 할 교훈은 그리스도인이 겸손하게 자신을 돌아보지 않으면 언제 죄에 빠질지 모른다는 가르침이다.

생명의 길은 하나님의 축복이 약속된 길이고 사망의 길은 저주의 길이다. 생명의 길을 걸으면서 방심하지 않기 위해 매일 자신을 돌아보아야 한다. 육신의 저항을 다루어 자신을 죄에서 깨끗이 하고 축복의 말씀을 좇고 있는지 아니면 저주의 말씀을 좇고 있는지 매일 살피고 말씀의 권위에 순종하는지 아니면 사탄의 거짓에 속고 있는지 살펴야 한다.

생명의 길이나 사망의 길을 걷는 사람에게 주어진 하나님의 약속은 반드시 이루어진다. 그러나 사망의 길을 걷는 사람에게 이루어져야 하는 약속의 말씀이 이루어지지 않는 것처럼 보이도록 사탄은 약속을 지연시킨다. 반대로 생명의 길을 걸어가고 있는 사람에게 하나님의 약속이 이루어지지 않는 것처럼 속여 좌절시킨다.

사탄은 하나님의 약속이 늦게 이루어지는 것처럼 거짓된 생각을 주어서 소망을 빼앗으려 하며 아픔과 고통에서 벗어나지 못하도록 좌절시킨다.

그러므로 사탄의 거짓과 유혹에 넘어가 생명의 길이 아닌 사망의 길을 선택하여 걷지 않도록 우리는 말씀을 깊이 묵상하고 말씀으로 매일 자신을 돌아보고 살펴야 한다.

선택 질문

① 생명의 길을 어떻게 선택할 수 있을까?
② 생명의 길을 선택하지 못하는 이유는 무엇일까?
③ 사망의 길을 선택하게 되는 이유는 무엇일까?

제5장

그리스도 안에 나타나는 생명

> 그가 찔림은 우리의 허물 때문이요 그가 상함은 우리의 죄악 때문이라 그가 징계를 받으므로 우리는 평화를 누리고 그가 채찍에 맞음으로 우리는 나음을 받았도다 우리는 다 양 같아서 그릇 행하여 각기 제 길로 갔거늘 여호와께서는 우리 모두의 죄악을 그에게 담당시키셨도다(사 53:5-6).

그리스도 안에 거할 때 생명이 나타난다. 속사람은 이미 생명을 가졌지만 육신의 죄성은 살아 있기에 그리스도 안에 거하고 있는지 매일 자신을 돌아보고 살펴야 한다. 그리스도 안에 거하여 속사람의 생명이 육신에 나타나게 하기 위함이고 생명이 나타나면 안식과 평강을 누릴 수 있기 때문이다.

평강은 의도적으로 하나님을 의지하고 선택할 때 누리게 되는 것이고 안식은 그리스도 안에 거함을 선택할 때 나타나는 편안한 쉼이고 안정된 마음의 상태이다. 평안하지 못하면 불안하여 두려움이 생기고 안식하지 못하면 걱정하거나 근심한다.

부정적인 감정이 나타나면 자신을 돌아보아 그리스도와의 관계를 점검해야 한다. 하나님은 분노, 염려와 우울 등을 어려움, 고난 등을 통한 부정적인 감정 속에서 자신을 돌아보게 한다.

분노가 있다면 계획한 일이 막혀 있거나 계획한 일이 기대대로 되지 않고 있다는 증거이다. 이때 자신을 돌아보면 바라는 계획을 자신의 힘으로 하려 한다는 것을 알 수 있고, 이에 돌이켜서 성령의 능력에 의지하면 생명 있는 삶을 살 수 있다.

또한 하려는 일이 확실히 일어나기를 원하지만 원하는 대로 되지 않을 수 있다는 신호가 불안이다. 이때 자신을 돌아보면 육신의 동기에서 시작된 기대인지 아니면 말씀의 동기에서 시작된 기대인지 알 수 있다.

만약 우울증이 있다면 목표를 달성하지 못하여 좌절하고 있다는 증거이다. 이때 자신을 돌아보면 하나님의 약속을 붙잡지 않고 자신의 의지로 환경이나 대인 관계에서 나타난 현상을 보고 절망하고 있음을 알게 된다.

그리스도 안에 나타나는 생명 있는 삶을 살려면 부정적인 감정을 다루어야 하는데 감정은 의지적으로 조정하지 못하므로 감정 뒤에 있는 부정적인 생각을 다루어야 한다. 그리스도의 생명이 나타나지 않으면 부정적인 생각이 드러난다. 하나님은 내 백성이 지식이 없어서 망한다고 하셨다(호 4:6 참조). 부정적인 생각을 다루기 위하여 그리스도 안에 나타나는 생명의 지식을 우리는 알아야 한다.

생명의 지식에 대한 말씀은 다음과 같다.

첫째, 그리스도 안에 나타나는 생명은 새로 태어난 생명임을 알아야 한다.

그리스도를 믿음으로 얻어진 새로운 생명이다(요 3:16 참조). 이것은 영적으로 거듭난 생명인데 거듭난 순간 하나님과 연합되어 살게 되고 그리스도께서 주신 것이기 때문에 영원하다. 영생은 죽은 후에 얻게 되는 것이 아니라 그리스도 안에서 지금 영생을 경험하며 살고 있다는 뜻이다.

구원은 미래에 완전해지지만 현재도 나타나는 생명이다.

> 그러므로 나의 사랑하는 자들아 너희가 나 있을 때뿐 아니라 더욱 지금 나 없을 때에도 항상 복종하여 두렵고 떨림으로 너희 구원을 이루라(빌 2:12).

그러나 사탄은 그리스도 안에 나타나는 생명 있는 삶이 현재 나타나지 못하게 하기 위하여 육신의 죄성에 따라 살게 하여 영생은 지금 나타나지 않고 미래에 나타나는 것이라는 거짓 생각을 가지게 한다.

둘째, 생명은 하나님 자녀의 신분을 부여한다.

> 영접하는 자 곧 그 이름을 믿는 자들에게 하나님의 자녀가 되는 권세를 주셨으니(요 1:12).

하나님의 자녀의 신분은 노력해서 얻는 것이 아니라 그리스도를 믿음으로 얻는다. 이는 우리가 거듭난 하나님의 자녀로서 자신을 어떤 사람으로 인식하느냐에 대한 정체성 인식이다. 행동에 따라 신분이 달라지는 것이 아니고 그리스도의 보혈로 인한 하나님의 주권으로 신분이 결정된다.

또한 우리는 그리스도의 보혈로 인하여 하나님과 맺어진 관계이다. 우리는 그리스도의 피로 거듭난 하나님의 자녀이다.

아무리 혈통으로 태어난 왕족의 가문이라도 그 나라를 떠나 살면 어떻게 될까?

다른 나라에서는 왕족의 신분을 인정받지 못할 것이다. 만약 세상에 있는 것을 사랑하면 하나님 나라에 있지 않고 세상에 있게 된다.

> 이 세상이나 세상에 있는 것들을 사랑하지 말라 누구든지 세상을 사랑하면 아버지의 사랑이 그 안에 있지 아니하니(요일 2:15).

세상에 살면 사탄의 통제를 받게 되는데 세상은 아직 사탄에 속하여 있기 때문이다.

> 또 아는 것은 우리가 하나님께 속하고 온 세상은 악한 자 안에 처한 것이며(요일 5:19).

분명하게 알 것은 우리가 아무리 하나님의 자녀라도 육신의 욕심을 좇아 살면 세상에 살게 되어 생명 있는 삶이 아니라 사망이 나타나는 삶을 살게 된다는 것이다.

옛 자아의 죽음으로 공식적으로 죄와의 관계는 끝났지만 죄의 존재가 사라진 것이 아니다. 육신에 존재하는 죄성으로 인해 죄가 존재하여 그리스도의 생명을 나타내지 못할 수도 있고, 이는 그리스도와 친밀한 관계를 맺지 못하게 방해할 뿐만 아니라, 밖에 있는 사탄은 유혹과 거짓을 통하여 우리가 생명의 길을 선택하지 못하도록 끊임없이 방해한다.

그러나 옛 자아가 그리스도와 함께 십자가에서 죽었고 죄와의 관계는 영원히 끝났다는 말씀이 우리의 생각을 지배해야 육신에 죄 대신 성령이 거하여 사탄이 우리를 조정하지 못하게 되어 생명의 길을 선택하게 된다(롬 8:1-4 참조).

> 육신의 생각은 하나님과 원수가 되나니 이는 하나님의 법에 굴복하지 아니할 뿐 아니라 할 수도 없음이라 육신에 있는 자들은 하나님을 기쁘시게 할 수 없느니라(롬 8:7-8).

> 너희는 너희가 하나님의 성전인 것과 하나님의 성령이 너희 안에 계시는 것을 알지 못하느냐(고전 6:19b).

우리가 하나님 자녀라는 신분의 정체성을 인식해야 그리스도의 생명을 나타내는 삶을 살게 된다.

셋째, 생명은 거룩함을 나타낸다.

그리스도 안에 나타나는 생명으로 인하여 이 땅에 살면서 성도라고 일컬음을 받는다. 성도란 거룩한 사람이란 뜻이고 바울은 교인을 성자(saints)라고 부르기도 했다.

> 고린도에 있는 하나님의 교회 곧 그리스도 예수 안에서 거룩하여지고 성도라 부르심을 받은 자들(고전 1:2a).

성도라고 부를 때 영적인 삶을 살거나 고상하게 살았기 때문에 붙여진 이름이 아니라 하나님께서 우리를 성도로 부르셨기 때문에 성도 또는 성자라 불려지는데 이는 예수 그리스도의 생명으로 거룩해졌기 때문이다.

성도라고 불려진다고 삶이 거룩해질까?

때때로 죄를 짓는 경우도 있지만 우리의 행동에 의해서 거룩이 결정되는 것이 아니라 거룩하다는 신분으로 거룩하게 된다. 육신이 죄 아래 있다고 하여 자신의 신분을 죄를 지을 수 있다고 단정하는 순간 사망의 길로 걸어가지만 육신이 죄 아래 있지만 거룩한 신분으로 바뀌었기 때문에 죄를 선택하지 않고 거룩을 선택할 수 있다고 자신을 인식하게 되면 생명의 길을 선택하게 된다.

생명이 나타나기 위하여 무엇을 해야 할까?

첫째, 생명을 선택하기 위하여 육신의 '중독'을 다루어야 한다.

좋은 것도 나쁜 것도 중독이 될 수 있는데, 그 이유는 성령이 원하는 선택이 아닌 육신이 원하는 선택을 하여 습관이 되면 욕망을 끊을 수 없게 되어 사망의 길로 가게 되기 때문이다. 예를 들면 어떤 분이 찬양을 열심히 불러 하나님께 영광을 돌릴 수 있다. 그러나 자신의 실력으로 노래를 잘해서 부르는 찬양은 중독이 될 수 있는데 중독이 되면 육신이 좋아서 하는 찬양이지 하나님을 높이기 위한 찬양이 되지 못하게 된다.

찬양의 동기가 하나님을 높이기 위한 동기에서 시작이 되어야지 자신이 좋아서 하는 동기에서 시작되면 중독이 된다. 좋은 일이거나 나쁜 일이거나 관계없이 육신적인 동기로 중독이 되면 자신의 의지로 그 행위를 끊기 어렵게 된다.

중독의 원인은 좌절이나 절망이다. 원하는 것을 하지 못하면 좌절하게 되는데 원하는 것을 대신할 다른 것을 찾아 자신을 위로하려고 한다. 때로는 그것이 사람이 될 수도 있고 일이 될 수도 있고 약물이 될 수도 있다. 절망은 소망을 붙잡지 못하게 하여 생명의 길을 선택하지 못하게 한다. 절망 때문에 육신의 욕망을 채우려는 필사적인 노력을 하게 되고 이로 인하여 끊을 수 없는 중독이 되어 사탄의 종 노릇을 하게 한다.

> 우리가 알거니와 우리의 옛 사람이 예수와 함께 십자가에 못 박힌 것은 죄의 몸이 죽어 다시는 우리가 죄에게 종 노릇 하지 아니하려 함이니 이는 죽은 자가 죄에서 벗어나 의롭다 하심을 얻었음이라(롬 6:6-7).

육신의 중독을 끊어야 그리스도의 생명에 뇌가 반응하여 생명의 길을 선택한다. 중독을 끊으면 육신은 생명의 옷을 입게 되고 옛 사람의 습관을 끊게 되어 사망이 주장하지 못하게 된다. 예수의 사람들은 육체와 함께 그 정욕과 탐심을 십자가에 못 박았기 때문에 성령으로 살고 성령으로 행할 수 있다(갈 5:24-25 참조).

둘째, 사망이 육신을 주장하지 못하도록 해야 한다.

> 이와 같이 너희도 너희 자신을 죄에 대하여는 죽은 자요 그리스도 예수 안에서 하나님께 대하여는 살아 있는 자로 여길지어다(롬 6:11).

여기서 주의해서 보아야 할 단어는 '여길지어다'이다. '여길지어다'는 '중요하게 생각하라'는 뜻이다. 죄에 대하여는 죽은 자이고 예수님 안에서 하나님께 대하여는 살아 있는 자라는 말씀을 중요하게 생각하고 말씀에 생각이 빠져 있어야 거짓된 생각과 사망의 생각이 육신을 주장하지 못한다. 그러나 죄와 죄의 능력은 더 이상 거듭난 영을 지배하지 못하지만 육신을 지배할 수 있다. 이때 육신을 조정하지 못하게 하는 방법이 '그리스도 안에서 나타나는 생명의 말씀'을 주의 깊게 생각하고 생명의 길을 선택하는 것이다.

셋째, 거짓과 의심의 옷을 벗고 의와 진리와 거룩의 옷을 입어야 한다.

너희는 유혹의 욕심을 따라 썩어져 가는 구습을 따르는 옛 사람을 벗어 버리고 오직 너희 심령이 새롭게 되어 하나님을 따라 의와 진리의 거룩함으로 지으심을 받은 새 사람을 입으라 (엡 4:22-24).

믿음으로 의의 옷을 입게 되고, 말씀으로 진리의 옷을 입으며 말씀의 권위에 순종하면서 살면 거룩한 옷을 입게 된다. 중독과 육신의 죄를 벗어버리고 의와 진리와 거룩의 옷을 입어야 생명이 우리의 삶에서 나타나고 우리가 생명 있는 삶을 살게 된다.

우리 삶에 나타나는 생명은 무엇일까?

첫째, 생명은 세상을 이기는 승리, 즉 하나님을 믿는 믿음이다.

무릇 하나님께로부터 난 자마다 세상을 이기느니라 세상을 이기는 승리는 이것이니 우리의 믿음이니라 (요일 5:4).

믿음으로 승리하려면 행동으로 이끈 동기가 무엇인지 생각해야 한다.
만약 행동의 동기를 구별하지 않으면 어떻게 될까?
세상에서 승리하지 못한다. 그것이 그리스도로부터 온 동기인지 육신으로부터 온 동기인지 구별해야 세상에서 승리할 수 있다. 어떤 사람이 교회 주방에서 섬기고 있다. 주방 사역은 교회에서 어려운 사역 중에 하나인데 주방에서 열심히 일하는 그리스도인이 한 끼 식사를 제공하는 일에 만족을 느끼면서 사역을 하고 있다고 가정하자. 주방에서 섬김으로 보람도 느끼고 다른 사람이 선택하지 않는 일을 했기 때문에 말씀에 열심히 순종했다고 생각할 수 있다.

그런데 주방에서 섬기려는 이유가 육신의 욕구를 채우려는 동기에서 비롯되었다면 믿음의 동기에서 시작된 섬김이라고 말할 수 없다. 누군가의 칭찬이나 사람들에게 선하다는 칭송을 듣기 위한 것이 아니라 주방 사역을 할 수 있을 만큼 능력은 없지만 말씀으로 이끄셨기 때문에 순종하여 사역을 시작했다면 믿음의 동기로 시작된 섬김이라고 말할 수 있다.

'믿음의 동기'와 '육신의 동기'를 어떻게 구분할까?

육신의 동기에서 시작된 주방 사역은 시간이 갈수록 힘이 들고 억지로 하게 되어 사역에 참여하지 않는 다른 사람들에게 참여하라고 강요하거나 사역에 참여하지 않고 있는 사람들에게 화를 내면 육신의 동기에서 시작된 것일 수 있다. 그러나 믿음의 동기에서 시작된 사역이라면 주방 사역이 힘이 들어도 성령이 공급하시는 힘으로 어려움을 이겨나가기 때문에 기쁨으로 섬길 수 있고, 또한 사역으로 인해 주변 사람은 행복해지고 자신의 인격은 성장한다.

또한 주방 사역을 하지 않으면 마음이 불편해서 주방 사역을 해야 된다는 당위성이 생기면 육신의 동기에서 시작된 일이지만, 혹 할 수 없는 상황 아래 놓여 사역을 하지 못해도 그리스도 안에서 마음의 평강을 누린다면 믿음의 동기에서 시작된 사역이다. 그리스도 안에 거할 때 나타나는 생명 있는 삶의 특징은 나 중심이 아니라 예수 그리스도가 중심이 된다.

믿음의 동기로 시작하려면 어떻게 해야 할까?

첫째, 우선 눈을 감고 성령의 도움을 청한다.

또 일을 시작한 시점을 되돌아보고 어떤 동기로 시작하게 되었는지 자신에게 물어본다. 혹 일을 하면서 속상하거나 실망했던 사건이나 사람이 있는지 되돌아보고 만약 속상했거나 실망했던 적이 있다면 그 원인이 무엇인지 자신에게 물어봐야 한다. 믿음의 동기로 시작했다면 일할 수 있는 능력을 성령님이 주신다.

둘째, 내면의 당위성으로부터 자유로워져야 한다.

당위성은 꼭 해야 한다는 억압된 자신의 규칙을 의미하는데, 이 당위성으로부터 자유롭게 된다는 뜻이다.

> 내가 율법으로 말미암아 율법에 대하여 죽었나니 이는 하나님에 대하여 살려 함이라(갈 2:19).

한 부자 청년이 예수님께 와서 "내가 무슨 선한 일을 해야 영생을 얻느냐"(마 19:16 참조)고 물었다. 그는 자신의 능력으로 선한 일을 해야 영생을 얻는다고 생각했지만 자신의 능력으로 할 수 없는 일이 있었는데 모든 재산을 팔아 가난한 사람에게 나누어주는 일이었다(마 19:20-21 참조). 부자 청년은 자신의 힘으로 율법을 지킬 수 없었음에도 불구하고 자신의 힘으로 율법을 지키려 했다.

예수님은 부자 청년의 부족한 것을 아셨는데, 모든 재물을 팔고 가난한 사람에게 나누어주고 난 후에 예수님을 따르라는 명령에 순종할 수 없는 부족함을 아셨다(마 19:20-21 참조). 부자 청년은 자신의 힘으로 선한 일을 하려 하기 때문에 부족함은 영원히 채울 수 없었다. 선한 일은 성령의 능력으로 가능한 일이지 자신의 힘으로 할 수 없다. 아마도 부자 청년이 하나님의 능력에 의지하여 재물을 얻었다면 예수님의 말씀대로 재물을 가난한 사람에게 나누어 주고 예수님을 따를 수 있었을 것이다

이를 심리학적인 이론으로 설명하면 마음에 있는 집단 무의식은 조상으로부터 지켜온 규칙을 따라야 하고 조상으로부터 대대로 지킨 규칙을 반드시 지켜야 한다는 당위성을 만든다.

여기서 집단 무의식의 당위성은 자기 힘으로 생명을 얻으려 하는 것이다. 율법에서 자유로워졌다는 말씀보다 자신의 당위성을 의지하면 자유하지 못하게 된다. 사람이 의롭게 되는 것은 율법이 아니라 오직 예수 그리스도를 믿음으로 된다(갈 2:16 참조). 메시아이신 그리스도께서 오셔서 율법에서 자유롭게 되었는데, 당위성으로 다시 자신을 율법에 묶으려 한다면 우리는 사탄의 종이 될 수밖에 없다.

예수님의 죽음과 부활로 우리는 율법에서 자유롭게 되었다.

> 이제는 우리가 얽매였던 것에 대하여 죽었으므로 율법에서 벗어났으니 이러므로 우리가 영의 새로운 것으로 섬길 것이요 율법 조문의 묵은 것으로 아니할지니라(롬 7:6).

거듭난 영은 율법에서 자유로워졌으나 육신은 다시 율법으로 돌아가려 한다. 하지만 성령에 따라 살면 육신의 당위성에서 자유롭게 되고 진정한 구원을 이루면서 살게 된다.

셋째, 나타나는 생명은 하나님의 사랑이다.

하나님이 우리를 사랑하는 사랑을 우리가 알고 믿었노니 하나님은 사랑이 시라 사랑 안에 거하는 자는 하나님 안에 거하고 하나님도 그의 안에 거하 시느니라(요일 4:16).

그리스도 안에서 생명이 나타나려면 우리는 믿음의 경주를 끝까지 해야 한다. 경기를 완주하기 위해서는 먼저 무거운 것과 얽매이기 쉬운 죄를 벗 어 버려야 한다(히 12: 1). 무거운 것이란 그리스어로 '하기오스'(*hagios*)라고 표현되는데 환경이나 사람으로 인한 죄의 유혹을 벗어버려야 한다는 의미 이다. 고난을 겪고 있을 때 사망의 길을 걷고 있는 악인이 잘 되고 있음을 본다면 죄의 유혹이 되고 무거운 것이 된다.

또한 '벗어버리라'고 하는데 '벗어버리다'라는 뜻은 '아포스테미'(*apos-tithemi*)인데 그리스어로 감옥에서 벗어나라는 뜻이고(Danker, 2000), 죄를 지을 수 있는 유혹이 있는 환경이 있다면 하루 빨리 탈출해야 한다는 뜻 이다. 보디발의 아내가 요셉을 유혹할 때 요셉이 재빨리 그 장소를 피하 여 죄를 짓지 않았던 것처럼 죄짓는 환경을 피해야 하는 것이다(창 39:15 참조).

이와 반대로 죄를 지을 수 있는 환경에 들어가면 죄를 벗어버리기 어려 워진다. 어떤 선교사 세 명은 창녀들을 선교하기 위한 사명을 받아 창녀촌 에 들어갔는데 처음 3년간은 선교부에 성공적인 선교 보고를 하고 있다가 3년 후에 선교 보고가 끊겼다. 이를 이상하게 여긴 선교부에서 사람을 보 내 알아보았더니 세 명 선교사 모두 창녀촌의 포주, 즉 창녀를 통하여 돈 을 버는 사람이 된 충격적인 사건이 있었다. 죄악에 물든 환경에 들어가면 빛을 비추어 어둠을 밝히기보다는 죄에 동화되는 우리의 죄성을 가볍게 여겨서 생긴 일화이다. 사명으로 투철하게 무장한 선교사조차도 이럴 수 있다는 것을 명심해야 한다.

또한 믿음의 경주를 완주하기 위하여 마치 마라톤 선수가 특별한 운동복을 입듯이 가벼운 옷을 입어야 한다(Danker, 2000). '가벼운 옷을 입는 것'이란 걱정 없이 그리스도에게만 집중하는 생각을 말한다. 반면에 무거운 옷이란 세상이 주는 염려와 근심이다. 무거운 옷을 벗으려면 그리스도 보혈의 능력을 믿어야 한다. 그리스도의 보혈로 은혜와 평강이 더욱 많아짐을 믿게 되면 무거운 옷, 즉 염려와 근심을 벗게 된다.

> 곧 하나님 아버지의 미리 아심을 따라 성령이 거룩하게 하심으로 순종함과 예수 그리스도의 피 뿌림을 얻기 위하여 택하심을 받은 자들에게 편지하노니 은혜와 평강이 너희에게 더욱 많을지어다(벧전 1:2).

문제를 자신이 해결하려고 애쓰면 문제가 눈덩이처럼 커지지만 그리스도께 맡기면 문제가 가벼워져 믿음의 경주자는 가벼운 옷을 입고 믿음의 경주를 끝까지 할 수 있다. 또한 믿음의 경주를 완주하기 위하여 인내가 필요한데 인내하기 위하여 매일 자신을 돌아보고 말씀에 따라 죄를 회개하고 형제자매를 사랑하면서 살아야 한다. 믿음의 경주를 완주하거나 그리스도 안에 온전히 거할 때 나타나는 생명이 우리의 영광이 되고 안식이 되고 평강이 될 것이다.

창세기의 시작은 생명이다. 에덴동산에서 인간이 창조되었을 때 동산 가운데 생명의 나무와 선악을 알게 하는 나무가 있었다. 하나님은 선악을 알게 하는 나무의 열매를 먹지 말라고 하셨으며 먹으면 반드시 죽는다고 말씀하셨다(창 2:17 참조). 그러나 인간은 선악과를 먹었고 이로 인하여 선악을 판단하게 되었다. 인간이 선악으로 판단하기 때문에 하나님께서 율법으로 선을 알게 하셨고 선함은 우리의 힘으로 지킬 수 없음을 알게 하셨다.

선악을 알게 되면서 인간은 선을 따르지 못하고 악을 따르게 되어 자신의 능력으로 선을 행할 수 없게 되었다. 선악과를 먹은 순간부터 인간은 죄에 빠졌다는 사실을 성경이 증거한다. 그러나 성경의 마지막 책인 요한계시록은 이기는 자가 생명나무의 열매를 먹는다고 하는데, 이기는 자는 예수 그리스도가 하나님의 아들임을 믿는 자이고 생명나무의 열매를 먹는 자이다(계 2:7; 요일 5:5 참조).

선악을 알게 되어 악에 빠진 인간은 하나님과 교제를 할 수 없었지만 예수님께서 이 땅에 오셔서 죽으시고 부활하심으로 우리는 하나님과 교제할 수 있게 되었고 하나님과의 관계가 회복되었으며 예수 그리스도의 피로 맺어진 언약으로 하나님의 자녀가 되었다. 하나님의 자녀가 되었으면 그리스도의 생명을 나타내며 살아야 하는데 그리스도의 생명이 나타나는 삶을 살지 못하도록 사탄이 방해하고 있다.

사탄이 막을 수 있는 이유는 옛 사람의 습관, 즉 육신의 생각과 감정에 익숙하기 때문이다. 그리스도 안에 거하기를 선택하고 생명의 길을 걸으려면 옛 사람의 습관, 즉 육신의 생각과 감정을 정리하고 사탄의 거짓과 유혹에 맞서 진리의 말씀으로 무장하고, 말씀의 약속이 이루어진다는 소망을 가지고 살아야 한다.

우리는 하나님 나라의 백성이지 세상의 백성이 아니기 때문에 세상을 좇아 살면 사망이 육신을 통제하여 사망이 나타나는 삶을 살고 말씀을 좇아 살면 말씀이 우리를 이끌게 되어 생명의 길을 선택하여 영원한 생명이 나타나는 삶을 살게 된다. 이 선택이 우리에게 주어졌다.

이제 당신은 어떤 선택을 할 것인가?

선택 질문

① 그리스도 안에 생명 있는 삶은
   어떤 선택의 기준을 따를까?
② 만약 우리 삶에서 '사망'을 드러내는 선택은 무엇일까?
③ 나는 언제 '선악'으로 판단하며, 그 이유는 무엇일까?

참고 문헌

Anderson, Neil T. *Victory over the Darkness.* Ventura, CA: Regal Books, 1990.

Arnold, Clinton E. *3 Crucial Questions about Spiritual Warfare.* Grand Rapids, Michigan: Baker Books, 1997.

Bartholomew, K., & Horowitz, L. M. "Attachment styles among young adults: A test of a four-category model." *Journal of Personality and Social Psychology, 61(2),* 226-244.

Barclay, William. *The Apostles' Creed.* Louisville, Kentucky: Westminster John Knox Press, 1998.

Bruce, Wilkinson. *Secrets of the Vine.* Sisters, Oregon: Multnomah Publishers, Inc., 2001.

Blackaby, Henry T. & Blackaby, Richard. *Spiritual Leadership.* Nashville, Tennessee: Broadman & Holman Publishers, 2001.

Danker, Frederick William, editor. *A Greek-English Lexicon of the New Testament and other Early Christian Literature, 3rd Ed.,* Chicago and London: the University of Chicago Press, 2000.

Ellingworth, Paul. *The Epistle to the Hebrew.* The New International Greek Testament Commentary. Grand Rapids, Michigan: Wm. B. Eerdmans Publishing Co., 1993.

Kenyon, E. W. *Hidden Man: An Unveiling of the Subconscious Mind.* Lynnwood, Washington: Kenyon's Gospel Publishing Society, Inc., 1998.

Kouzes, James M. & Posner, Barry Z. *Credibility: How Leaders Gain and Lose it, Why People Demand it.* San Francisco: Jossey-Bass Publishers, 1993.

Ladd, George Eldon. *The Gospel of the Kingdom.* Grand Rapids, Michigan: Wm. B. Eerdmans Publishing Company, 1959.

Lane, William L. *Hebrews 9-13. Word Biblical Commentary 47B.* Nashville, TN: Nelson Preference & Electronic, 1991.

Prince, Derek. *Bought with Blood: The Divine Exchange at the Cross.* Grand Rapids, Michigan: Chosen Books, 2000.

Torrey. R. A. *Experiencing God's Love*. New Kensington, PA: Whitaker House, 1999.

Berkhof, Louise. 『조직신학(하)』(*Systematic Theology*). 서울: 크리스챤다이제스트, 2000.

Edwards, Jonathan. 『신앙감정론』(*Religious Affections*), 정성욱 역. 서울: 부흥과개혁사, 2005.

Griggs, Richard A. 『심리학과의 만남』(*Psychology: A Concise Introduction*), 신성만, 박권생, 박승호 역. 서울: 시그마프레스, 2012.

Hall, Galvin S. & Nordby, Vernon J. 『융의 심리학 입문』(*A Primer of Jungian Psychology*), 김형섭 역. 서울: 문예출판사, 2004.

Harper, Michael. 『그리스도인의 영적 전투』(*Spiritual Warfare*), 윤종석 역. 서울: 두란노, 1970.

Hart, Archibald D. 『숨겨진 감정의 회복』(*Unlocking the Mystery of Emotions*), 장성준 역. 서울: 두란노, 2005.

Lelord, Françoise. 『꾸뻬 씨의 행복여행』(*Le Voyage D'hector Ou La Recherché Du Boneur*), 오유란 역. 서울: 오래된 미래, 2002.

Lloyd-Jones, D. Martyn. 『영적 침체의 원인과 치료』(*The Spiritual Depression: Cause and Cure*), 오성종, 유영기 역. 서울: 새순출판사, 1977.

Neil, T. Anderson. 『이제 자유입니다』(*The Bondage Breaker*), 유화자 역. 서울: 조이선교회, 1990.

Seligman, Martin E. P. 『긍정 심리학: 진정한 행복 만들기』(*Authentic Happiness: Using the New Positive Psychology to Realize Your Potential for Lasting Fulfillment*), 김인자 역. 안양: 도서출판 물푸레, 2004.

Siegel, Daniel J. 『쉽게 쓴 대인관계 신경생물학 지침서』(*Interpersonal Neurobiology*). 서울: 학지사, 2016.

Thatcher, Martha. 『순종: 참 자유에 이르는 길』(*The Freedom of Obedience*), 네비게이토 편집부. 서울: 네비게이토, 1986.

Vaillant, George E. 『행복의 조건』(*What Make Us Happy?*), 이덕남 역. 서울: 프런티어, 2002.

Van der Hart, Will & Waller, Rob. 『나는 그리스도인인데 왜 걱정할까』(*The Worry Book*), 이지혜 역. 서울: 아드폰테스, 2011.

Worthington Jr., Everett. 『용서와 화해』(*Forgiving and Reconciling*). 윤종석 역. 서울: IVP, 2003.

노안영, 강영신. 『성격심리학』. 서울: 학지사, 2003.

진영정. 『억압에서 자유로』. 파주: 좋은 땅, 2019.